JN111821

至誠学園の明治、大正、昭和、平成、令和の歩み

至誠学園は東京都立川市と国立市の境目の辺りで
甲州街道に面した緑に囲まれた地にある。

至誠学園児童棟「至誠大樹の家」は、４つのユニットホーム、ショートステイホーム、モンテッソーリ子どもの家がある。芝生の中庭はこどもたちの交流の場（レジデンス銀杏）。

心理治療の面接室、プレイルーム、図書室がある、児童館活動や様々な地域活動の場として地域に開放している施設（かしの木プラザ）。

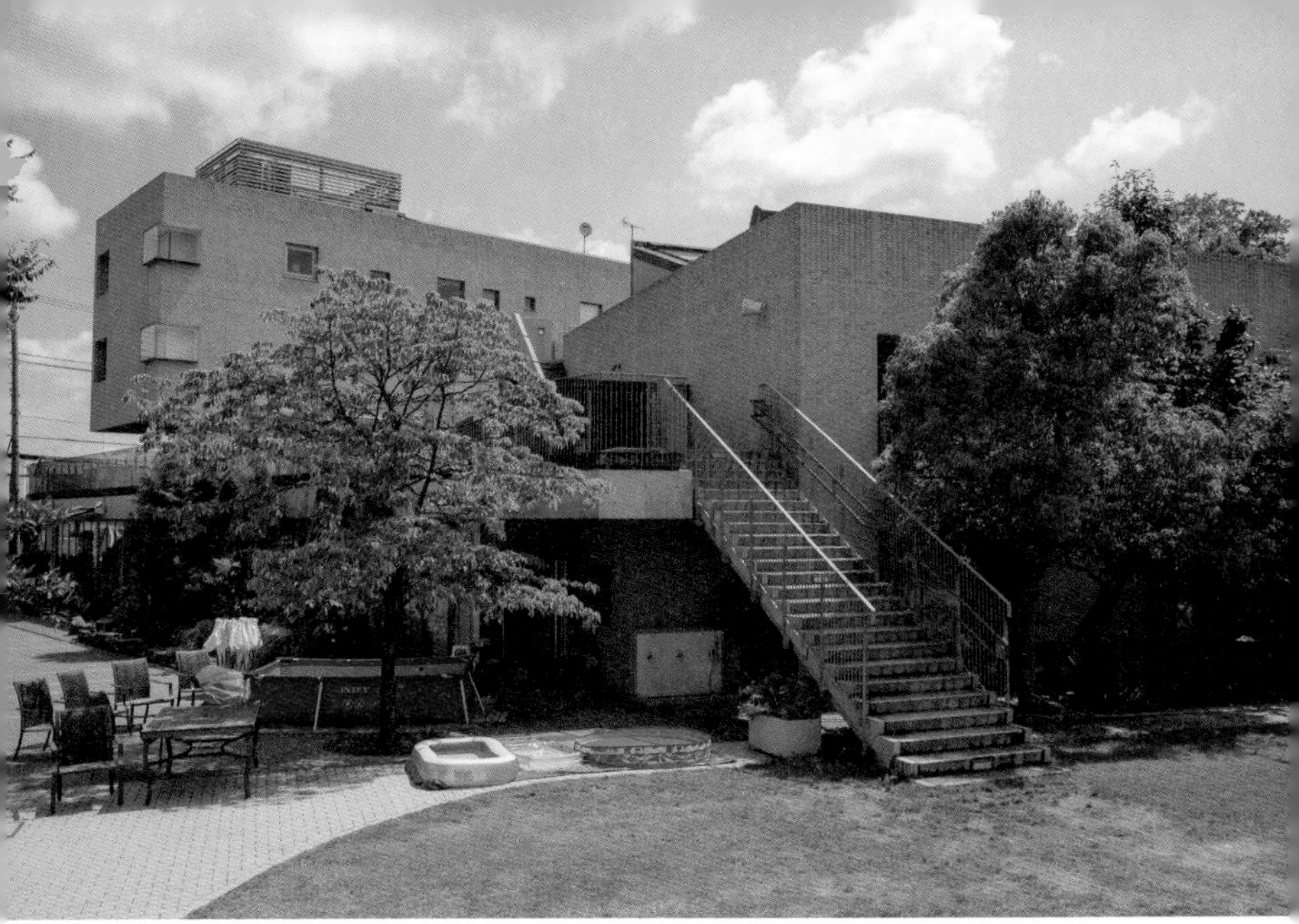

「至誠大地の家」は、ゼロ歳児から低年齢児を中心に、家庭的な養育を行う場（レジデンス柿の木）。

親子で過ごせる家族室・セラピールーム・研修室・職員のラウンジがあり、1階には地域活動に使える「地域交流ホール」がある（シャラの木プラザ）。

1階は知的障害者小規模通所授産施設「ワークセンターまことくらぶ」がある。上階は職員宿舎となっている（レジデンスけやき）。

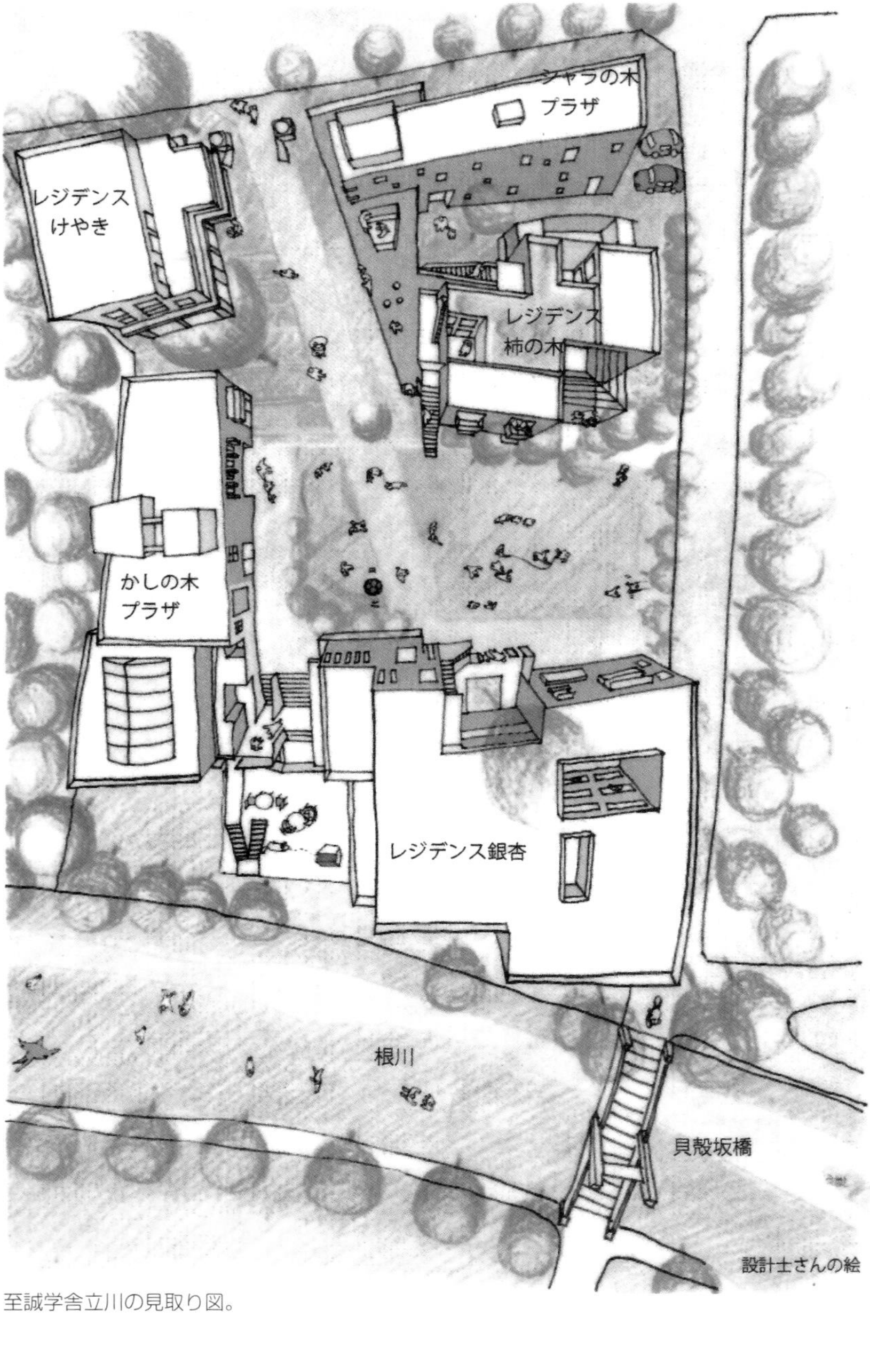

至誠学舎立川の見取り図。

日野市にある「至誠大空の家」は、18歳以上のこどもたちが社会に巣立ち力強く生きていく力を培うために、進学や職業技術の習得を目指し生活する施設。

世界の児童福祉専門誌などが収められた書庫は、岩崎・高橋文庫と名づけられた。

緑豊かな庭には菜園が設けられ、四季折々の花や野菜が元気に育っている。

隣接する川にはきれいな水が流れ、鳥たちが魚をとりにやってくる。川べりの裏庭には、ボランティアの人たちの手で作られたボルダリングの壁が。手作りの石竈もあり、夏はバーベキューを楽しむ場所になっている川辺のピクニックエリア。

池袋の至誠学舎。少年寮と製菓工場。

昭和23年立川市の至誠学舎（航空写真）。

昭和38年新築された鉄筋コンクリート造の園舎。

木造モルタルを移築した昭和15年の至誠学園本館（3階建）。

ボーイスカウト立川第4団が至誠学園内に誕生（昭和42年）、秋の行事に参加した。

「学園のお母さん」と慕われた母・高橋田鶴子。

創設者・稲永久一郎（初代理事長）。

稲永ヨシ（2代目理事長）。

いつもこどもたちをあたたかく見守っている
至誠学園名誉学園長・高橋利一。

ぼっちゃんが、あんちゃんになった

至誠学園のこどもたちと共に生きて75年

社会福祉法人
至誠学舎立川相談役
至誠学園名誉学園長

高橋利一

はじめに

ぼっちゃん、さようなら　元気でね！　――麹町から立川へ、幼い時代、学舎の成り立ち

学舎に移り住んで間もないころ、ある時、本館の玄関に入ると、かがんで靴ひもを結んでいる少年がいた。木下少年であった。

「ぼっちゃん、さようなら。お世話になったね、元気でね」と顔を上げて幼い私に言った。それは自分に言い聞かせるような感じだった。

そして、木下少年は夕暮れの門を出ていった。

昭和二十年春、母は父の出征後、祖父の経営する少年保護施設の少年たちの食事作りに、麹町から私たち三人兄妹を連れて時々通っていた。その時分のこと。

時折、立川駅の南口まで迎えに来てくれたのが木下少年であった。

自転車にリヤカーをつなぎ「舎長の考えた輪タクです」と少年は笑いながら、ペダルを踏んでくれた。

学舎の農場でもよく遊び相手をしてくれた。

サツマイモの収穫やトウモロコシの茎を折って甘い汁を吸うことを教えてくれたのも木下少年だった。

少年保護施設だから、何か悪いことをしたのかもしれないが、「ぼっちゃん、ぼっちゃん」と遊んでくれる彼の姿からは、そんなことは想像できなかった。学舎は高い塀で囲まれているわけでもなく、少年たちは、日中は軍に納める食料や飲料を工場で製造し、農作業に汗を流し、夜は勉強に時間を費やしていた。

「ぼっちゃん、お世話になったね」は祖父である舎長や食事の賄いをしてくれる母たちへ、そして東京から来た遊び相手だった幼い私たちに対する思いであったのかもしれない。それは、さようならと自立していく姿であったが、しかし、法の支配によって施設に来ていたのであれば、出ていくのに何らかの手続きが必要であったのだろうに。

その後、残されたその年の報告書によると、脱走一名と記載されていた。それは彼のことだったのかもしれない。

この少年たちとの出会いと終戦後の戦災孤児たちとの生活は、私を変えていった。ぼっちゃんが成長するに従って、幼い私はあんちゃん（兄さん）になっていた。

私は六歳まで麹町の宮内省官舎に住んでいた。正門には皇宮警察のおまわりさんがいて、出入りの度に挨拶をしていた。

近くには、千鳥ヶ淵のお堀や皇居の自然、靖国神社や今のイギリス大使館などがあり、東京のど真ん中でありながら緑豊かな美しい環境の中にいた。

母が時々、父の友人たちを招いて、おもてなしをしていた様子もよく覚えている。月末になると、独身の職員たちはフトコロ具合が寂しくなる。物がない時代でも、母は部屋に花を飾り、小麦粉さえあればできるお好み焼き、ホットケーキなどを並べて、みんなで楽しくおなかも心も満たしてくれる場を作っていた。

庭には草花や野菜が植えられ、三羽の鶏が産む卵は食卓に並べられる。鶏は私たちに栄養を与えてくれる存在だった。鶏の餌は近くの魚屋さんや八百屋さんのくずを貰ったりしていた。また畑の隅に穴を掘り生ごみを埋めておくと、ミミズが生まれ、それも餌になった。

また、こども部屋には常にクレヨンとスケッチブックが置いてあり、好きな時にいつでも絵が描けるような準備をしてくれていたし、童謡やクラシックのレコードも私たちこどものために置いてあった。私たち兄弟は麹町小学校付属の幼稚園に通っていた。そこでは剣道も習っていたが、今思えば幼いうちから戦争に立ち向かう意欲を仕込まれていたのだと思う。

父は、宮内庁の本庁勤務と秩父宮様の秘書官を兼務していて、一週間のうち半分は宿直のために家に帰れなかった。

家に帰っても天皇陛下が床につかれたとの電話があるまでは、ネクタイを外さなかった。

昭和十九年。父は兵隊として満州に出征した。夫を気遣う母が安否を気にして夫へ手紙を書き、宮内省へ電話をしている姿は今も忘れられない。

父が戦場で死を覚悟した時、軍医が軍刀で体をさして生きているか問われ、体は動かず、言葉も出ないが、懸命に眼で訴えたという。「生きてます」と。そして気がついた時は、野戦病院に寝かされていたそうだ。まごころは「以心伝心」するということを教えられた。

両親のうしろ姿や情操的な環境のある小さい時からの経験、見聞きしてきたことがすべて、私自身がその後この施設を経営していくうえでの確かな自信と支えになっている。

こどもは大人の背中を見て学ぶのだ。父や母がしてきたこと、そういう生活を見てきた私は、こども心にも自分もそうしなくてはいけない、そうするだろうと自然に思っていた。

しかし、時代が変わって、時々のニーズと制度政策が整うなかで、創始者の思いは、次の世代にはなかなか届かなくなったのも事実だ。

事情があって児童養護施設で暮らさなくてはならないこどもたちが、自信をもって巣立っていけるように、社会のなかで堂々と自分を生かしていけるように、私たちは何をしなくてはいけないのか。

試行錯誤を繰り返しながら、格差社会の貧困や虐待、家庭崩壊などにより自己肯定感の低いこどもたちが、未来に向かって夢を掲げられる環境としての学園となれるよう今も私は戦っている。

二〇二〇年十月吉日

社会福祉法人至誠学舎立川相談役
至誠学園名誉学園長

高橋利一

ゴールドマン・サックスには、社会貢献の文化が根付いています。私たちが「コミュニティ・チームワークス」と呼んでいる社員ボランティア活動にも多くの人が熱心に参加しています。特に児童養護施設のこどもたちにクリスマスプレゼントを贈る「サンタプロジェクト」には毎年多くの社員が参加しています。そうした経緯で児童養護施設などを運営する社会福祉法人「至誠学舎立川」の理事長（現相談役・名誉学園長）、高橋利一さんと知り合うことになりました。

経済大国であるこの日本にも、非常に貧しい環境に置かれたり、虐待を受けたりしたこどもがたくさんいることを教えていただき、衝撃を受けました。貧困に育ったこどもはそうでないこどもに比べて学力が低いことや、そのような環境のこどもの親も、十分な教育を受けていないことがほとんどだということ。つまり、貧困は連鎖するということ。

仕事一筋の人生を送っていた私ですが、高橋さんとの出会いによって、人生に仕事以外の目的を見出すことができました。

施設を訪れたときには、こどもたちがあまりにも普通の家庭のこどもと違わないように見えたので、そのことを高橋さんに伝えると、心には大きな傷を負っているのだと聞かされ、胸が痛くなりました。

こどもたちを貧困の連鎖に陥らせないためにもっとも大切なのは「教育」だと、高橋さんにお聞きしてから、恵まれないこどもが教育を受けられるよう支援することが私のライフワークになっています。この問題の解消は簡単なことではありません。国を挙げて取り組まなければならない社会課題です。

この書は高橋利一さんが、こどもたちと一緒に過ごした七十五年の記録です。児童養護の先駆者である高橋さんの本を通じて、多くの方がこどもの貧困の現状を知り、支援の輪が広がっていくことを心より願ってやみません。

二〇二〇年十月吉日

ゴールドマン・サックス証券株式会社
代表取締役社長　持田昌典

一般社団法人リーチ奨学育英会の活動について

高橋利一先生と至誠学園で初めてお会いしたのは、十四年前、当時勤務していた外資系証券会社が企画したこどもたちと絵を描くというボランティア活動に参加した時でした。

それから御縁をいただき、高橋先生、学園の先生方と共に至誠学園内に奨学金制度を創設し、また対象となるこどもたちを学園以外にも広げていくために、今日のリーチ奨学育英会の設立に至るまでご一緒させていただいております。十四年という月日は瞬く間に過ぎ去りましたが、ここに高橋先生が本をご出版されるというひとつの節目に当たり、ここまでの一連の活動の普遍的な原動力はなんであったかを振り返ってみました。

一連の活動の最大のエネルギーとなったのは、間違いなく高橋先生ご夫妻、学園の先生方の長年に渡る一途で真っ直ぐな、また祈りにも似たこどもたちに対する熱い思いであります。措置制度という大きな限界が立ち塞がるなか、不運にも家庭環境に恵まれなかったこどもたちに心身共に寄り添い、時には共に泣き笑い、ご自身の時間、人生を完全に注ぎ込んでこどもたちと向き合う姿を私たちは見てきました。そこにはドラマではない現実がありま す。決してハッピーエンドばかりではない現実もあります。

この十四年の間に沢山の方々が我々の活動に賛同し、ご支援に参加をしていただきました。思うにそれは高橋先生ご夫妻、学園の先生方のこどもたちにひたすら寄り添っていくという、これまで歩んで来られたことが到底一般には真似のできない道であるからだと信じて疑いません。その道は真実の物語であり、人の心の奥底を揺さぶるパワーがあります。

リーチ奨学育英会もこれからそのような道を、現在支援しているこどもたち、これから出会うこどもたち、また支援者の皆様と歩いていかなければならないと考えております。それは未来永劫に続く道にしなければなりません。

そのために、いついかなる時代になろうとも、この本を手にする読者がリーチ奨学育英会の活動の原点を知るきっかけになることを切望しております。

当法人はこれからも、こどもたちの夢と希望の実現と幸せな人生を一途に願い、活動を続けて参ります。今後ともリーチ奨学育英会にご賛同いただき、皆様のご支援をいただきますよう心よりお願い申し上げます。

二〇二〇年十月吉日

一般社団法人リーチ奨学育英会
運営委員長　赤松　茂

目次

皇居の近くで生まれ、幼少期を過ごした東京の「ぼっちゃん」が、戦後の養護施設の孤児たちに「あんちゃん」と呼ばれ頼られて生活し、七十五年という月日を薄幸なこどもたちと共に生きてきた。そんな児童養護施設の元園長の話である。

（＊本書に登場するこどもたちの名前はすべて仮名としている）

CHAPTER 1

少年保護から児童養護へ
保育所、そして老人ホームへ

学校から帰ってくるこどもたちをやさしい笑顔で
「おかえりなさい」とむかえる。

昭和二十二年　国の責任を民間で担う社会福祉事業法

第二次世界大戦後の日本は東京、大阪をはじめとして、ほとんどの地方都市が壊滅状態となった。国は、自ら施設をつくり運営することができず、戦前からの民間慈善事業を活用せざるを得なかった。

新憲法では社会福祉の増進は国家責任であるとし、「社会福祉法人はその事業を行うのに必要な資金を備えなくてはならない」（社会福祉事業法第二十五条）とある。しかし、慈善事業への公金支出は、憲法第八十九条で禁止されていた。

ＧＨＱ（連合国軍総司令部）は、福祉の政策を「国家責任」「無差別平等」「必要充足」の三原則であると示し、この基本理念によって「公私分離」の原則によるナショナル・ミニマムの導入をはかった。

しかし、我が国独自の官民一体による行政に慣れ、主に軍指導による主体性を失った政府には、その実行は困難であった。

そこで考え出されたのが、公的な分野に属する福祉サービスを「公」が「私」に依託し、その対価を支払うという措置制度と、それに伴う措置費制度であった。つまり、「公」が「私」に依託し、その対価を支払うことで「公」の責任が果たされる、その資金は国が二分の一、地方公共団体が二分の一を負担する、という考え方であった。

池袋から立川

昭和二十年三月、中央線の電車が立川駅を目前にしたところで空襲警報のサイレンと共に畑の真ん中で停車し、乗客は開けられた扉から我先に飛び降りて、線路沿いの防空壕のなかや、車輪の下にもぐるなどして身をひそめた。私たち母子四人もその乗客だった。当時五歳になったばかりの私には、この光景が鮮明な記憶として焼きついている。

至誠学舎の創設者である祖父の稲永久一郎《いねながきゅういちろう》理事長の要請で、立川支所の少年たちの生活を世話するために母が私たちこどもを連れて移動した時のこと。

父は宮内省に勤務していたので私たちは千代田区の官舎住まいだったが、十九年に父が出征して以来何度も官舎と立川を往復し、この時正式な引っ越しとなったのだった。父のいない家族にとって、祖父のそばで生活ができることは安心でもあった。

至誠学舎は、明治四十五年、稲永久一郎が二人の少年を引き取り、養育指導にあたったことに始まる。池袋に本舎を設け、組合員として少年たちが製菓製造事業にたずさわりながら、社会復帰のために生活する少年保護事業だった。

立川に至誠学舎の支所が設けられたのは、「少年の不良化は環境のいたすところなり」との考えにより、自然環境に恵まれた土地で少年を育てたいという理由からだった。関東大震災や失火により災厄に遭う苦難の時代を経て、財団法人を寄付行為により設立。第二次世界大戦が苛烈になっていくなかで、池袋から立川中心の事業転換となった。

この間の運営のために航空食糧などの生産や農業などを中心に行ったが、夜は教師役の職員による学校の授業が行われ、毎月行われる少年たちの演芸大会も楽しいものだった。また毎月行われる舎長の講話は松下村塾に範をとったもので、私たち家族も出席が義務づけられていた。

終戦となり、九月には一部建物は進駐軍の兵士の宿舎に一時接収された。大きな社会変化のなか、昭和二十一年に祖父の稲永久一郎は少年たちの未来を案じながら新しい時代を見ずして亡くなった。しかし、祖父はランドリー製パン用の巨竈や器具を、少年たちの仕事を考え用意していた。

至誠学舎、立川市新制中学校の校舎に

昭和二十二年、児童福祉法が公布され翌年の施行により、至誠学舎は東京都からの指導で、戦災孤児対策としてただちに児童福祉施設への転換が求められた。この年から少年保護事業から児童福祉事業へと転換する事務作業が始まったのだ。

少年寮にはすでに孤児たちが送られてきていた。

しかし当時、新制中学校の発足で、立川市の校舎の建設が間に合わず、至誠学舎の建物を当面一年間の約束で提供することが、舎長と市との間で先行していた。その背景には前年の教育制度の大改革があり、中学校までが義務教育となることに伴い、校舎が不足していたことがあげられる。しかし、立川市の校舎建設は一年では間に合わず三年間にもわたり、従って昭和二十六年まで養護施設の発足は遅れたのだった。

昭和二十六年四月に開校された立川市立立川第三中学校は、至誠学舎の建物を使用したままの開校となり、のちに学園のこどもたちが通学する中学校となったので、当時の生徒手帳の概要のなかには「四月十一日、至誠学舎にて開校する」と記されていた。今でも学園のこどもたちは、地域に貢献したことに誇りを感じている。

その建物は昭和十五年に移築された木造三階建てのがっちりした役所の建物で、教室にし

て十部屋もあるものだった。のちに取り壊すことになったが、太い木材はしっかりとくさびで組まれており、もともと東京都庁舎の支所として建てられただけあってその造りは立派なものであった。

母は数人の保育士と建物の返還を待たずに国立市の公民館を借りて、農繁期の農家の幼児たちを預かり、夜は保母養成所へ通い保育所の出発を試みた。そして、中学校が音楽室として使用していた青山御所のご下賜の建物を返還してもらい、至誠保育園を開設した。

父の働く姿が仕事の原点

昭和二十六年、立川三中の新校舎の落成と共に建物は至誠学園に返還され、いよいよ養護施設「至誠学園」の開設だ。

土足で使われていた室内を洗い流し、児童福祉法の最低基準に沿う施設としてトイレ、児童居室、厨房、食堂などを整備、改造をするのに約半年が経過した。

この資金は共同募金会の援助や協力者の方々の寄付によるもので、東京都に対して認可手続きの書類作りなどに常務理事の父は日夜努力していた。書類作りなど、事務的な作業は宮内省時代に蓄積されたものがあった。今でも父が毛筆で書いた文書などが残されている。そうした事務的な作業の他に、こどもたちを迎えるために大工さんたちの改修工事に立ち会いながら、建物内部の掃除や片づけなど、自らタワシとバケツで流したり洗ったり、繰り返し行っていた。小学生だった私たちも掃除を手伝うことがあった。

ある時、宮内庁の友人が至誠学園の法人再建のために退官した父の様子を見に来られた。私も幼いながら覚えているのは、麹町の官舎によく遊びに来て、私の遊び相手になってくださっていた姿だった。

日々の作業で荒れて傷だらけの父の手を見て、役所にいた時との違いに「苦労しているのだね」と涙ぐまれたのをそばで見聞きした。その光景は、いろいろな意味で私の仕事の原点となっている。

自らの身体を使うことによって心が働いていくこと。心を働かせることは知恵がわくことにつながり、学習する意欲をかき立てるのだと考えた。

「誠の心の働きは人の心を動かすばかりでなく天に通じ神に通ず。人の幸せな生活はみなこの心より生ず」は至誠学舎の創設者である祖父の遺訓だが、社会福祉をすすめるうえで、山室軍平《やまむろぐんぺい》先生は「社会事業をすすめる人には、頭（Head）、手（Hand）、心（Heart）は欠くことのできない要素」であり、この三つのバランスを考えて行動することの重要性を「三つのH」として説いている。

のちに大学で学び、社会福祉に関する知識、理論と社会福祉技術の明確化と共に価値観が最も重要であること、常にそれへの努力がなされることがいかに大切であるかということを心に刻んだ。そしてそれを、養護施設の創設のために書類を作り、古い建物を自らタワシで磨きあげている前園長の姿のなかに感じるのだ。

こどもたちを迎える

児童相談所から直接入園した数名のこどもたちに加えて、都内の廃園になった墨田学園のこどもたちが来て、にぎやかな声が聞こえるようになったのは秋も過ぎ十二月に入ってからだった。

クリスマスの終わった日、東京都のマークのついた四角いバスに乗ったこどもたちと荷物を積んだトラックが、夕方玄関に横づけされた。都内から来たこどもたちの目には、立川はだいぶ田舎に映っただろう。

開設にあたっての認可書を見ると、乳児院の乳幼児二十名を含めて受け入れることになっていた。当時のアルバムには、にこにこ笑顔の幼児たちの写真がたくさんある。そして幼児たちのことを考え診療所が併設された。こどもたちにとっては安心だったが、この診療所の維持は大変なことで、その後医師の先生に手当が払えず閉所せざるを得なくなった。

大学生のボランティアを迎える

都会育ちの副園長（母）は、園長（父）の夢を常に具体化する役割を担っていた。その一例として昭和二十七年五月、当時の荒廃した社会の復興が進むなか、慶應義塾大学の学生ボランティアサークル、ライチウス会からの招待状が届いた。

有楽町の読売ホールで施設のこどもたちを招いて、こどもの日の催しをするという内容だった。この都心のおでかけのことは、「CHAPTER 5」にくわしく記すが、そのことがライチウス会との出会いとなり、六十数年間続いているボランティア活動の出発点となったのだ。その後学生たちは、労働作業を中心に毎週のように来園された。慶応帽の似合うお兄さん方や、こどもながらに胸のトキメキを感じるお姉さん方だった。

古い建物の片づけ、畑の草取り、こどもたちの学習指導、行事の企画実施など、幅広く活動をし、今日ではマンツーマンの学習指導、行事の援助など伝統を守り続けてくれている。またライチウス会は昭和三十年代に、全国的には民間として初めての養護施設児童の実態調査を直接的に施設訪問する方法でまとめられた。

こどもたちを送り出す卒園式には、学生生活を終えられる卒業生の方々も招き、感謝の会を催すのも恒例となっている。

知恵と努力で貧しいながらも楽しい生活

旧園舎当時、炊事や暖房は、薪を燃やす生活だった。薪を集めるのは大変なことで、多摩川に流木を集めにこどもたちとリヤカーを引いていくことも日課だった。

また、庭の伐採した木や、壊した工場の材木も薪にした。しかし冬場には薪が間に合わず、知人の紹介で立川基地の廃材を貰いにいくようになった。正式には入札をして買うわけだが、週に何回か廃材を仕入れに行くことも日常化された。

運搬にも協力してくれる方々がいたが、専用にポンコツのトラックを月賦で買い、余裕が出ると廃材を他にも分けていた。こどもたちは工作の材料として小屋づくりにも使った。

庭にはレンガ積みの大きな竈《かまど》をつくり、そこで庭のごみを燃やしながら、湯を沸かし、調理をしたり、庭の食卓で食事をすることも生活の工夫だった。

水は井戸水を使用していた。前庭には井戸があり、手押しポンプで水をくみあげるものだった。この井戸端は、洗濯や野菜を洗ったり、作業を通じてのコミュニケーションの場で、川から魚とりを終えて帰ってきたこどもたちが、魚の入った水槽の水を取りかえながら、その日の成果を報告するのもこの井戸端だった。

農場も引き継ぎをうけて、毎朝の草取りから初夏のジャガイモ、トウモロコシの収穫、麦や西瓜など、今になって考えれば、よくもできたものと感心するばかりだ。当時の指導員の方々はすばらしい力を持っていた。

高校生の学費のために豚の飼育をした

十七歳で運転免許を取得した。当時は十六歳で受験できたので、必要に迫られて、高校の休みに一日二教程の練習をしたため、二十四教程はあっという間に終わり、学科はその合間に受講した。教習所にはトヨペットのクラウンの新車が何台かあったので、その乗り合わせも楽しみだった。

当時、学園には四トン積の廃材仕入れ用の古いトラックと、宮内庁の払い下げのハドソンがあった。

当時は働き手である中学生は「金の玉子」と言われ、東北地方から専用列車で上京する上野駅の様子などが新聞で報道されていた。学園でも、義務教育が終わると施設を退所し、就職することが当たり前のようだった。

しかし、高校進学を希望する子もあり、進学させたい子もいたのだが、高校進学に関する公費はなかった。そんなことから、なんとか高校進学を実現させたいと、施設独自の財源作りのために思案していたところ、保育園に通うこどもの農家の保護者に教えられ、養豚をしてみることになった。

「先生、豚のコロ（子豚）は三千五百円で買っても、六、七カ月で育ち、四万円か、五万円で売れるよ」と知らせてくれた。

育て方は教えるからやってみないかと農家さんに言われて庭の豚小屋を訪ね、二匹の子豚を買った。最初は庭でペットのようにこどもたちの遊び相手になっていた。餌は学園から出る残飯だけでは足りなかった。食べ物集めに近隣の方々からの残飯、小学校の給食の残飯などをリヤカーを引いて集めに行った。また、立川基地の司令官の奥様が豚の餌が必要だということを聞いて、プラスチック容器に入れた食事の残りをフォードのステーションワゴンに載せて来園してくれた。そのきっかけは学園の庭の花が綺麗に咲いているので、入ってこられたことだった。

中学生の男子五名と養豚部を立ちあげ、毎月小遣いを出すことにした。みんなと会議して、当番や日程表を作り、仕事量に合わせて賃金を払うのだ。「会計係」、「記録係」など楽しみながら、目標は「高校へ通うお姉さんたちのため」であった。

豚の育て方を農家さんのところに行って実習したり、特に小学校の夏休みは「給食残飯」がないのでその時はどうするかなど対応策を考えたり、農山漁村振興会のテキストにより、豚の餌は草でも良いという知識を得たりした。

六、七月ごろになると豚を出荷することを仲介業者に連絡して買い取りに来てもらい、一頭ごとに目方をはかり、重さによってその場で現金が支払われ、成果を喜び合うのも、シーズン行事になった。

まだ、ボランティアとして学園を手伝う高校生・大学生のころの話である。

その後、東京都は「特別育成費」として、全額ではないが、高校の授業料を公費で支払うことになった。今でも思い出すのは、知事室でのし袋に入った特別育成費を高校生と受け取りに行ったこと。今では、高校進学は当然のことだが、そのころは施設のこどもたちにとっては特別なことだったのだ。

新園舎の建築資金の調達

新園舎には昭和三十六年から東京都の施設整備の補助金が内示されていた。しかし、自己資金のめどがつかず、のびのびになっていた。

設計図はできており、補助金四百七万円の決定であったが、補助金の算定は木造平屋。創設される園舎は鉄筋コンクリート造りで、三千五百万円がかかる。それゆえ、残りの大金を借入れしなければならない。

当時は銀行からの融資は受けられず、振興財団が国の制度として市中銀行から借りる資金の他、理事会では法人の土地の一部を処分することで自己資金を作ることが決定していた。当時、事業に使用されていない土地は約二百五十坪。その売却に苦労していた常務理事の施設長はその年、食道がんを患い、その後、施設長を継いだ私の仕事となった。

当時の法人の経営は高齢、児童、支所と三理事の分担で責任を持っていたが、児童部門の理事は母が継いでいて、交渉などの業務は若輩の私の仕事であった。

創作舞踊『森は生きている』が文化祭で第一位を受賞

昭和二十七年から出演参加している日本民生文化協会主催、厚生省後援の児童福祉文化祭は、毎年文化の日前後に開催されている。東京、神奈川、千葉の児童福祉施設が日頃施設で活動している音楽や舞踊などは、この日のために練習を重ねているのである。

学園では、創作舞踊の邦千谷《くにちや》先生のご指導で、毎週、表現力を養成することを目的としてレッスンが行われていた。

先生はこどもたちの自由な動きをこの文化祭の創作舞踊作品としてまとめられる。ある年のテーマは『森は生きている』だった。国立音楽大学の学生さんたちのコーラスに合わせて先生がストーリーをこどもたちに話され、私は動物、狩人、お花などの役割を伝える。すると「私は高校卒業で学園の思い出にソロで踊りたい」など、それぞれのこどもたちの希望も出てきて、それらを取り入れた十数分間の舞台を創作していただく。音楽大の学生さんたちも付き合ってくださった。

私は大道具・小道具の製作係で中学生の男の子たちと、森の春の風景をベニヤ板に紙を貼って色づけしたり、オオカミの小道具はどうしようかと頭を悩ませたりした。衣装担当の女性職員は地域のご婦人のボランティアの方々と、洋服屋さんから余り生地を貰って作っていた。当日の弁当はどうしようかと栄養士、調理師さんたちと相談するなど学園中が活気づいていく。

いよいよ当日。新宿の厚生年金会館ホールには、出演するこどもたちだけでなく、参観する施設のこどもたちもたくさん集まる。

なにしろ、厚生大臣賞、都知事賞、会長賞などの受賞を目指しているので、みんなの気持ちは高まっていた。

発表会の当日、トラックに荷物を載せて出発。演劇・音楽・舞踊の三部門が大・小ホールで演じられた。

至誠学園の『森は生きている』は踊りの部で出演、第一位に入賞した。三部門通して総合優勝で秩父宮妃杯を受賞、会場の学園生からは大歓声があがった。帰園後、「あのバックの大道具は僕が作った」と、こどもたちが自慢し、衣装を制作してくださった地域のボランティアの方々も大喜びだった。

文化祭に出演するこどもたちのために、学園の関係者のみならず、ボランティアの方々も喜びに巻き込む感動的なシーンだった。

至誠学園では、このほかこどもたちの情操面での充実を願っている。

舞踊家の邦千谷先生は昭和二十七年から現在まで毎週一回、こどもたちへの創作舞踊の指導にあたってこられた。その成果は毎年秋に行われる児童福祉施設文化祭で発表され、昭和三十五年から何度も入賞し、こどもたちに自信と感動を与えてくれた。

また、清水行正《しみずゆきまさ》先生はこどもたちが通う小学校に赴任された昭和二十七年から習字指導、退職後は毎日学習指導にあたられ、亡くなられるまでの三十数年間、至誠学園のこどもたちのために尽くしてくださった。また、善光寺にある学園の供養塔の文字、学園だよりの題字は清水先生の書である。

新しい施設づくりと新園舎の落成

戦後十年が経過した昭和三十一年、経済白書は「もはや戦後ではない」と宣言したが、こどもたちの生活に戦争の爪痕は強く残されていた。

朝日新聞社では戦争で親子離ればなれになったこどもたちのために、「この子たちの親を

西暦（昭和）	社会一般・こどもの問題・国都の政策	至誠学園の動き
1945（20）	原爆投下。ポツダム宣言受諾（戦争終結） GHQ設置	（至誠学舎）少年審判所より少年の受け入れ再開
1946（21）	浮浪児対策として「刈り込み」始まる 日本国憲法公布	創設者稲永久一郎死去
1947（22）	全国孤児一生調査（18歳未満の孤児12万3504人）。教育基本法・学校教育法公布	少年保護団体として東京審判所に招集され、GHQの方針説明受ける
1948（23）	児童福祉法施行（前年公布） こどもの日制定	本館建物、立川市に中学校舎として貸与
1949（24）	東北農村から2500人の児童、身売り表面化 シャウプ税制勧告	至誠学舎の少年保護事業終え解散式
1950（25）	全国養護施設協議会発足	
1951（26）	児童憲章制定。社会福祉事業法公布 サンフランシスコ講和会議（日米安保条約成立）	立川市より、至誠学舎本館が返還される。養護施設「至誠学園」（定員60名）開設
1952（27）	血のメーデー事件。GHQ解消 この年施設入所の混血児は482人	至誠学舎、財団法人から社会福祉法人に変更。慶応大学ライチウス会との交流始まる。診療所開設
1953（28）	厚生省調査要養護児童9万2千人 厚生省混血児対策要綱	
1954（29）	森永ミルク中毒事件 朝鮮戦争休戦協定調印	学園歌誕生・柔道指導始まる
1955（30）		卒園生、都立理容学校へ1名入学
1956（31）	「この子たちの親を探そう」運動（朝日新聞社）。児童福祉施設児童の食費が「野犬なみ」だとして、児童収容施設運動を展開	定員65名に変更。園長稲永ヨシ急逝法人理事長阿観心氏に、新園長に高橋利成
1957（32）	この年から、中卒児の集団就職始まる 朝日訴訟	敷地整備、園舎改修
1958（33）	東京で国際社会福祉研究会議	在園生2名、高校に入学
1959（34）	伊勢湾台風	一部小舎制（三小舎）に移行。在園生の高校進学のため養鶏・養豚開始
1960（35）		大貫海岸臨海キャンプ2週間（学園大移動）。翌1961年にも開催
1963（38）	作家水上勉「拝啓池田総理大臣殿」で障害児対策の貧困つく。この年、東京都内の児童相談所が養護施設に措置した幼児は53%	新園舎第I期工事（児童棟）完了 児童新園舎に引越し
1964（39）	秋田県出稼ぎ後行方不明の父親探す運動を起こす 東京オリンピック	ガーデンパーティ開催、新園舎落成式

年表　社会一般・こどもの問題・国都の政策と至誠学園の動き
《1945（昭和20年）～1964（昭和39年）》

探そう」運動を行った。この運動によって至誠学園のこどもたち三十人のうち四人が親との再会を果たした。

しかし、その後新しく養護施設に入所するこどもたちの背景は確実に変化し、親の疾病、就労、離婚など新たな養護問題を提起した。至誠学園では、放置されている地域の児童問題にも積極的に対応していくことの必要性を確認した。老朽化した園舎の改築計画は、こうした新しい機能を持つ施設づくりのなかで練りあげられ、昭和三十九年に新園舎が落成する。あたかも、日本中が東京オリンピックでわきかえり、高度経済成長の道をひた走っていた時である。

新任学園長の仕事は借入金の返済

前施設長の他界後、二十八歳で後任施設長を拝命した私の一番の仕事は、改築したての園舎の資金作りとその借入金の返済に関わる案件であった。

前にも述べた園舎改築は、旧少年保護時代の役所の建物を移築したもので、住居としては適さない建物であった。そのため、こどもたちの養護にマッチした大舎制（一舎に二十人以上の児童が生活する施設）の園舎として昭和三十五年に計画を進めたが、国の補助金は約七百万円、総工事費は三千五百万円という計画で、その自己資金作りには土地の一部売却が予定されていた。

当時、措置児童のためには利用しない土地であったが、建ぺい率が低く、なかなか売却先が見つからなかった。

ある日、父の病床に見舞いに来られた地域の協力者から、幹線道路に出たいという自動車販売の会社（伊藤忠自動車）があるという話を聞き、早速訪ねた。父が亡くなる数日前のことだ。種々こちらの説明をしたのち、私どもの施設に長年、奉仕活動をしてくださっている慶應義塾大学ライチウス会の話をしたところ、「私も慶應の卒業生、ぜひ一度施設の見学かたがた土地を見たい」とのこと。こうして、売却の交渉は成立した。これでこどもたちは安心して暮らすことができるだろう。

私は、いずれその土地は買い戻そうと決めていた。以後四十年を経過して、販売会社がさらに事業拡大のために移転するのを機に、その土地を買い戻すことができたのだ。再び売却することのないよう、社会的養護を必要とするこどもが増えていることや、東京都からも施設の増設が求められていることから、この地を、三十人定員のゼロ歳からの養護施設と銘打って建設計画を提起したのである。

本法人は児童事業、保育事業、高齢事業を展開しているが、本書は、児童養護を中心に述べている。

このあと、母の自伝からと『故高橋田鶴子先生生誕一〇〇年の会』記録（平成二十九年二月）より元職員からのメッセージ、『後援会をつくろうや』を、抜粋して紹介する。それぞれの方の思いをくみとっていただければと思う。

母・高橋田鶴子の自伝から

創設者がこの事業を始めた動機

父がこの事業を始めた動機は、父自身が昭和十五年五月十七日にＮＨＫラジオで放送した講演でも語っているように、「明治四十五年、ふとしたことから、親を泣かせ人を困らせていた、いわゆる不良少年をお預かりしましたところ、教導の結果、非常によい子になり興味を覚えました」ということのようです。

これでもわかるように、父の少年保護は、初めはあくまでも私的な活動でした。ところが大正十三年、岐阜県養老寺の住職で当時東京少年審判所の保護司をなさっていた徳《とく》永《なが》憲淳《けいじゅん》先生によって、宮城《みやぎ》長五郎《ちょうごろう》先生を「若いものを導くのは私たちの務め」と、終生少年を愛し、「少年を信じ、少年の育成に日夜苦心を重ね、少年には知育と体育に重点を置いて、適正技能とその個性を活かす教導の機関構成とともに、その適格な職員を得ることにあると確信いたします」と、先に述べた放送で、父は力強く語りました。

——母は創設者の稲永久一郎のことを自伝の中で右記のように書いている。（高橋利一）

母・高橋田鶴子の自伝から

戦時下の暮らし

赤紙一通で、夫・利成を考える暇もなく送り出したのは昭和十九年の四月十二日春のことでした。いたたまれずに、祖父とこどもたちを連れて夫が入隊した佐倉の部隊を訪ねた時、かつての名画『モロッコ』の感動的なラストシーンを連想するような思いを体験しました。営門から坂道を降りて来る一団の中に、兵隊姿の夫がいたのです。一団の後を夢中で追いかけながら、神仏のお引き合わせかと思いました。成田で一休止のチャンスに、別れを告げることができました。本当に幸運でした。

その年の六月、池袋の学舎付近は強制疎開となり、六十名ほどいた少年たちの大部分が立川に移りました。こうして、立川の学舎も工場も、しだいに拡張されることになりましたが、なにしろ少年たちの面倒を見る人手が足りません。ついに父は、麹町の官舎にいる私の所へ、「田鶴子が行ってくれると助かるのだが」という話をもってきました。

幼いこどもたちと夫の留守を守っていた私にとって、それは、ありがたい話でした。夫は応召するとき、「田鶴子、お父さんに頼んで立川に疎開させていただいたら……」と言っていたくらいでしたから、遠い戦地にいて安心してくれることでしょう。母も、「立川へは、身体だけで行ってくれれば良いから、手伝ってほしい」と言ってくれましたので、私はそれではという気持ちになって、立川への転居を決心したのでした。ただ麹町の家は、いつ夫が帰還して来てもよいように、荷物などほとんどそのままにして、秋のある日、立川へ引越しました。長男五歳、次男四歳、長女一歳、私は二十九歳でした。幼いこどもたちには「立川へ行ったら、銀杏を拾うね」とか「多摩川でお魚も釣れるのよ」などと話しながら、少しでも楽しい土地という印象を与えようと努めたものでした。

立川の学舎は、当時は立川道場と称するアフターケアーの施設で、職業指導の場でもありました。大樹がうっそうと茂り、多摩川、根川が流れ、富士が仰げる土地でした。父が少年育成の殿堂とするために、苦労して探し求めた地ですが、とても淋しくて、町育ちの私にやっていけるかと思うような場所でした。しかし、すぐに三人のこどもと、大勢の少年たちとの暮らしに夢中になりました。

こどもたちは野に放たれた兎のように元気よく遊び、釣りをしたり、石ぶちで魚をとったり、大きな木に縄をぶら下げてターザンごっこをしたり、自然に慣れ親しんでくれました。お陰で夫が留守ということも忘れて、元気に暮らすことができました。

このように、豊かな自然に恵まれた立川での生活でしたが、戦争末期のことですから、さまざまな点で、大変な思いもいたしました。

第一に、職員や少年たちの食事の手配をしなくてはならず、物資の不足している折から、食料の入手ルートを作ることにまず苦労しました。

野菜もお魚も配給制で、一世帯いくらと決められていましたので、それだけでは大勢の食べ盛りの少年たちを満足させることなどとてもできません。近所の人たちは農家が多く、あまり困っていないようなので、私はお願いして少年たちの人数を頭割りして世帯数を増やしてもらい、少しでも多く配給物をとれるように工夫しました。

青果市場の組合長をされていた原田さんは、このころに知りあいとなり、今でもお店からは青果物を納入してもらっています。

燃料には、庭の大樹を伐り、枝を下ろし、薪をこしらえました。

こうやって、なんとか大家族の生活を整えていくことが、本当にやっとという毎日でした。長女を背負って地下足袋をはいて歩き廻るような日が何日も続き、近くのロータリーまで来ると五歳と四歳のこどもたちが待ちくたびれて門の外にいるのが見えるのでした。

朝、こどもたちが起きると、敷き布団も掛け布団も全部、日当たりの良いところに広げておき、午後三時すぎ、取り込んで重ねておくと、夕方になっても布団は太陽の恵みで一杯、こどもたちと一緒に中にもぐり込んでお話ししたり、本を読んだりして、このような苦しい日々にも、ひとときの安らぎを得ることができました。

そうこうしている中に年も改まり、昭和二十年になりました。宮内省の友人から、いつ帰っても暮らせるようにしてあった留守宅が全焼したとの知らせを受けたのは、三月十日のことでした。官舎は跡かたもなくなっていました。お濠の向こう岸の草まで真っ黒に焼けている様を目のあたりにして、あまりの空襲の激しさに、立川に移っていて本当によかったと思いました。

池袋の本舎も五月の空襲で全焼しましたが、幸い立川があったので、私は父母を迎えて本当にホッとしました。重責から逃れた感じがしました。

多摩川の水は清く、流れはのどかで、どこに戦争があるのかと思うような立川にも、恐ろしい爆弾が落とされました。灯火管制下、サイレンの鳴るたびに防空壕へ避難し、間に合わない場合は、部屋の中で布団をかぶり、何事もなくB二十九の飛び去るのを祈る日々でした。死傷者もだいぶ出ましたが、家ではみんな障りなく元気でした。

終戦になりホッとしました。安心して眠れる夜がきましたが、本当の食糧難はこれからでした。お米の配給は何日分もなく、とうもろこし粉のまんじゅう作りも数が多いので苦心がいりました。

ともかく食物を他人に頼ってはいられない、切羽つまった状態で、地焼きの地所を借りたり、多摩川の中洲を借りたりして、慣れない農作業に取り組みました。

馬鈴薯、玉葱、トマト、胡瓜、茄子、南瓜、小麦、大麦、陸稲などあらゆるものを作りましたが、雑草に振り回され思うほどの出来映えになりませんでした。薩摩芋の茎を食べたのも、ちょうどこのころのことでした。

新しい時代の到来で、デモクラシーの颪に吹きあおられた大人たちが戸惑っている間にもこどもたちはお腹を空かし、着物はぼろぼろになってゆきました。

巷は闇市が盛り、靴みがきの少年、戦災孤児など、時代の波はこどもにも襲いかかり、私たちの学園にも狩り込みのこどもが次々と送り込まれて来ました。置き去りにされたり、捨てられたりしたこどものほか、親子で浮浪していて学校にも通わせてもらえない学業遅滞児も出てきました。まだ児童福祉法が公布されない時でした。空いている施設には多くの戦災孤児が送られて来ました。

こんな大事な時に、理事長であり、杖とも柱とも頼む舎長の父は病の床に倒れ、戦後の事業再建の方針もたたないまま、昭和二十一年四月四日午前九時、息を引きとったのです。

元職員からのメッセージ

「思いやりのある子」を児童像にかかげて

佐々木七郎（元職員）

初めての学園訪問

初めて学園を訪れたのは昭和二十七年三月でした。その当時、私は東京学芸大学で所定の課程を修了し、教職に就くべきところでしたが、中央大学の法学部へ編入学することを強く望んでおりました。

このことについては私の兄の承諾を得ておりましたので、編入学の手続きは済ませておりました。

私の郷里は福島県富岡町ですが、小学校六年生の夏、父を失って以来、主として兄の養育により成長いたしました。ところが、ぎりぎりの時点で兄に経済的負担をかけることについて強いためらいを覚え、就職か進学か、迷ってしまったのです。

そんな心中を察したかのように兄から「立川市にある至誠学園を尋ねて、高橋利成様に相談してみなさい」という旨の手紙が届きました。これが学園訪問のきっかけとなったわけです。

これは後から聞いた話ですが、利成先生と私の兄、それに北千住の神谷さん（寺の住職をされながら足立区議会議員、司法保護司、幼稚園経営などのお仕事をされておりました）の三人は、昭和二十年八月十五日の終戦を中国・東北地方の遼陽《りょうよう》で迎え、八月二十日頃、武装解除により、捕虜となったのだそうです。

遼陽から鞍山《あんざん》を経て、開城《かいじょう》までは徒歩で移動し、そこから貨車で大連《だいれん》へ送られ、三カ月位塹壕《ざんごう》での生活を送り、ようやく古い兵舎に移されたそうです。

そして昭和二十二年三月三十日、大連から船で日本へ向かったようです。

捕虜生活、約一年八カ月、苦難を共にしたようで、いわゆる「戦友」だったそうです。

利成先生は字が上手でしたが、それに加えて、絵が上手だったようです。

抑留中にノートに描いたものを兄は持ち帰り、長く保存していました。今でも郷里で、利成先生の話題が出ますが、絵のこと、三人で飢えを凌いだことが中心になります。

昭和二十二年四月二日、佐世保上陸、利成先生は博多のご親戚へお寄りになり、兄は直接東京まで戻ったのですが、駅のホームに停車中、帰還兵を探す人々が大勢いたのだそうです。その中に田鶴子先生がおられたわけですが、お会いしたことがないのに、田鶴子先生を見たとたん、「この人が利成先生の奥様ではないか」と思ったのだそうです。声をかけて確認したところ、予感が的中して嬉しかったということは今でも時々聞かされます。

田鶴子先生との出会い

学園で最初にお目にかかったのは田鶴子

先生でした。保育園でお仕事中だったと記憶しております。三十歳半ばだったと思いますが、化粧っ気のない働き盛りのインテリ女性、しかも、風格のある人というのが第一印象でした。

私が用件の概略を話しますと、福島県の私の兄から依頼があり、利成先生は大筋は了解されているとのことで、しっかり勉強するよう励ましてくれました。

その折に、田鶴子先生が東京学芸大学竹早分校（旧東京女子師範学校）で教職の単位を取得中であることを知りました。あの頃、立川から竹早までは近い距離ではなかったはずです。しかも、夜となればたいへんでしたでしょう。その向学心には心を打たれました。

学園での生活

昭和二十七年四月から学園でお世話になることになりました。園児と生活を共にしながら大学に通うことは楽しいことでした。園での私の役目は主として学習面について園児の面倒をみることでした。

学園の建物は、立川市から返還されたばかりのもの（市立三中の校舎として貸与していた）で、木造三階モルタル塗りでした。園舎の真中を貫く、太く丸い、磨き上げられた柱が印象的でした。敷地内には、保育園の園舎、住宅として使用されていた建物があり、近くに空き地や畑もあり、園児が飛び回るには十分すぎるほどの広さでした。眺望のよい場所に建てられたこの園舎が三年間の私の活動の場となったのです。

一階は幼児の部屋と食堂・炊事場、二階は児童・生徒の部屋、三階は会議などに使用されるようになっており、こどもたちを掌握しやすいように工夫されていました。

学園全体が一家族のように、園長ご夫妻をお父さん、お母さん、指導員、保母をお兄さん、お姉さん、炊事などに従事する職員をおじさん、おばさんと呼んでおりました。従って園児は、「さん」「ちゃん」づけで呼ばれており、家庭の雰囲気で生活できるよう配慮されておりました。

利成先生にも四人のお子さんがいらっしゃいましたが、園舎の中では園児とまったく同じ扱いをされておりました。

先生はいつも幼い園児を抱いておられました。園児に熱があったり、おなかの具合が悪い時などは、まず、ご自分で様子を見てから保母へ引き渡すようになさっていました。あらゆる場面で愛情あふれる行動に心を打たれたものです。

特筆すべきは、情操面に重点を置いた園の経営です。清水先生の書道、邦先生による創作舞踊指導などはそのひとつの現れですが、各種イベントについても情操面への配慮がありました。若いころから、絵や音楽がお好きだったと聞いておりますが、それが大きく影響していたのでしょう。

さて、学園での私は、学生時代に学んだ児童心理や教育技術などとは無関係に、園児の中へ飛び込んでいくように努力しました。

家庭はこどもたちにとっては唯一の憩いの場であることは重々知っておりましたが、

実の兄弟のようにしようと努力したものです。悪いことをすれば叱り、大声で怒鳴ったものです。

昭和二十七年四月、九名の児童が小学校に入学したことで、園が活気づいていたのを記憶しております。入学式の後、園舎の前で写真を撮ってもらったことを覚えています。

現在、そのこどもたちは成長し、社会の一員として活躍しておりますが、四十数年経った今でも、その時の顔が目に浮かびます。

園舎での生活は朝のラジオ体操から始まりました。朝食から登校までの短い時間帯が、園全体で最も忙しい時でした。冬の寒い朝の体操、園児は元気でしたが、私が寝坊して利成先生に起こされたことも度々ありました。

学習面では宿題を優先し、次に教科書を使用した指導をするようにしました。小学校では授業参観が度々ありました。

数多い園児全員の様子を観るためには、廊下を走り、短時間で回るしかありません。まるで〝廊下鳶〟だったようで、今になってみると恥ずかしい限りです。

元職員からのメッセージ

お母様の思い出

栗田菊枝（学園元職員）

高橋田鶴子先生の生誕百年の記念の会にあたり、共に学園で過ごしたボランティアの方々や卒園生、旧職員のお仲間など、久々に懐かしい方々とお会いでき、当時のことが昨日のようによみがえってまいりました。

このころは長寿社会で百歳を超える方がおられますのに、元気なお母さまにお会いできないのは本当に残念なことです。

お母さまは、お若い頃から創設者の稲永久一郎先生の元で事業のお手伝いをなさっていました。先生の亡き後はそのご意志を受け継がれ数々の事業に専念され至誠学舎を支えてこられました。

昭和二十六年至誠学園の開設にあたりましては、大変なご苦労をされたことをお話しなさいました。当時は戦後の混乱からようやく立ち直ったとはいえ、物不足の時代で食べ物はもちろん、衣類など手に入れることが困難でどちらでも竹の子暮らしでした。

こどもたちに新しい寝具の用意、傷みに傷んだ園舎の修繕やら、お金の必要なことばかりです。そんな時、お母様はご自分の財産の土地を処分しては凌がれたのです。このお話を聞くたびに、誰にでもできることではないと心を打たれました。

きびしさと優しさと忘れられない笑顔のお父様、体も心も大きくてお料理上手のお母様にこどもたちは明るくのびのびと育てていただきました。正に、「明」「直」「健」そのままの学園でした。その後、お父様は重い病に倒れ、みなの願いも空しく亡くなられましたが、物が喉を通らないほど心配され、お父様の介護をするお母様の思いつきと実行力に、私たちは多くを学ばせていただきました。この事は長寿社会の問題点にそのまま通用すると思われます。お母様の学園を大切に、誰にでも相談に乗ってあげる思いやりは、高橋家の四人のお子様に受け継がれ、輝かしい学園の今日が有るのです。そして将来も安心です。

ここに利一先生に心から御礼申し上げたいのはやむを得ぬ事情で手放された甲州街道添いの土地を買い戻され、立派な「大地の家」を建設された事です。当時を知っている者には、胸のすく思いで、有難く心に沁みます。

私事、学園とのご縁で三十年余りの長きに渡り、お世話になりました。何かにつけて思いますのは、学園のこどもたちと一緒に育てていただいたのです。感謝しております。

天空のお母様はいつも学園を見守ってくださるでしょう。私も数々のお母様の思い出と共にますますの学園のご発展をお祈り申し上げます。

――私が二十八歳で園長を引き継いだ当時、学園の経理担当職員として、栗田菊枝さんは財政面を確実に支え、従事してくださいました。(高橋利一)

地域の方からのメッセージ

後援会をつくろうや

三田鶴吉（立川市社会福祉協議会会長）

私も同じ町内に住んでいたことから、至誠学園のこどもたちの様子や、学園の運営にあたられる高橋利成ご夫妻に対しては、深甚なる経緯をもっておりました。

私も幼いこども時代を思い起こすにあたり、このこどもたちに対する思いはひとしおでありました。まだ戦後の大変な時期を、学園のお母さん自ら鍬を持ち、イモや野菜づくり、また自ら流木を集め、その日の炊事や冬の暖を取る薪を集められていた姿なども私の脳裏にあります。

私もその後、立川で花店を何店舗も経営するようになりましたが、このことも多くの方々のご理解と支援でありましたことを思うと、常々私も何かお手伝いができないかと思っていました。

ちょうど学園の二十周年にお招きいただいた時、その式典は庭に舞台を作り、椅子を並べた光景でありました。私はその時この学園の将来に対し、そしてこどもたちの成長に、何らかの寄与ができないものかと考え、ふと思いついたのが後援会の設立であります。

高橋利成前園長が病死された後、若い利一学園長がこの施設を切り盛りしていくことは大変なことでありますが、そのことに少しでも手助けができるならとの思いでありました。

そして利一学園長に「学園の後援会をつくろうや」と持ちかけました。その発起を知人たちにお話しした時、皆さん賛同され、また、それぞれの代表をされているグループにもお話が持ちかけられ、至誠学園後援会発起人会が成立しました。

私もことあるごとに「至誠学園を応援してやってほしい」ということを、会合があるごとに皆さんに伝えてきました。この後援会が継続されて、園舎の改築、借入金の返済資金、自動車の購入、井戸の掘削の費用として使用していただいています。そして、後援会も三十年を迎えたわけであります。

この後援会が、さらに大きな後ろだてになるよう、これからも見守りつつ、新たな時代を担うこどもたちがさらに安心して社会の一員として成長していくことを願ってやみません。後援会員としてお力添えをいただいている方々、そして、日夜こどもたちの養護のために努力されている、学園長、施設長、そして職員の皆さんに心より敬意を表します。

――故三田会長は、その後長年にわたり学園をご支援くださった。三人の特に親しくされていた岩崎倉庫株式会社の社長岩崎五六様は新園舎改築の借入金の返済やグループホームの建設資金として長年、寄附金を賜り安定した施設経営にごだざった。岩崎様は施設出身者の自立支援に現在もお力を頂いていた（高橋利一）。

尽力くださった。また立川紙業株式会社の社長、五十嵐栄治様は、教育委員長をされていたが施設児童の大学進学のための奨学制度を発起してく父の他界後、「施設長ともなれば、結婚して身をかためなさい」と周囲からすすめられたが、忙しくてそれどころではなかった。

しかし、叔父の紹介で見合いをすることになった。お見合の相手は裁判官の娘で、茶道は表千家、華道は池の坊でそれぞれ名取り。お琴を習い、神戸の名門女子学園高校を卒業後、洋裁学校を卒業し、教員免許を持つ女性。父上は裁判所長を経て、弁護士をしている。その後、勲二等を授賞された。裁判官の仕事上、全国の裁判所を担当し、小中学生時代は家庭ぐるみで転居したという。北海道は札幌、神戸、東京と各地を廻り、その土地にも馴染み、在学していたある中学校では、養護施設の友人もいたそうだ。

三月に見合いをして結納、仲人を父の上司であった宮内次官の日根《ひね》松介《まつすけ》ご夫妻にお願いした。施設の忙しい五月の連休をはずし、結婚式は石川県人会の関係で赤坂プリンスホテルの支配人の配慮をいただき、つつがなく行うことができた。新婚旅行は、祖父である法人創設者の郷里へと赴いた。博多の親類に挨拶廻りをし、佐賀、長崎、宮崎を四日間で巡る旅行だった。プライベートの初めての時間は、こんなに心の安らぐものかと感じた。

新婚生活は1DKの自室での生活だったが、大舎制の施設であったので、仕事の内容により、夜は遅く朝は早いなかで夫婦が顔を合わせる時間は短かった。働く職員の忙しさを見かねた妻が幼児たちの朝の支度や朝の早い調理室の仕事を手伝う自発性がとても有難かった。

当時は六十五名の児童に対する職員配置は全員で十三名だった。その後、妻は社会福祉主事研修所で学び、栄養学専門学校で栄養士の資格を取得するなど、施設養護を家庭養育の視点でスキルアップするため、積極的に支援をしてくれた。

私に助言を与えてくれた地域の協力者の方との信頼関係の構築には特に気配りをし、PTA活動やガールスカウトの活動を通して、こどもたちのうしろ盾となった。料理で言えば隠し味の部分を務めてくれていたことは、多くの方々から学園の良さとして評価していただいていた。

妻がよく私に言っていたことは、「こどもたちの行動について憶測でものを言うのではなく、必ずそのこどもの気持ちを考えなさい」、「裏をとりなさい」だった。これは、裁判官の娘ならではの教えを受けた言葉だと大切にしている。こどもたちの人権を守るうえで、大人の目線で考えることが多いが、本人の気持ちを考えることは、正しい判断をするうえで重要なことである。襟を正して五十数年を過ごせたのも妻の支えがあったからだと思うのである。

また、義父は、中央大学学生時代はローバースカウト活動もしており、戦前の後藤新平《ごとうしんぺい》総長時代の話を聞かせてくれ、学園のこどもたちや家族の問題解決に良きコーチ役として尽力くださっていた。義父の鞄の中には、学園の要覧がいつも入れてあり、私の娘の嫁ぎ先ですと紹介してくださっていた。そして、毎年暮れには寄付金を届けてくださり、有難いことであった。

ふと思うことは、創設者・稲永久一郎に嫁いだ妻、ヨシさんの実父・高橋金太郎さんが舎長である久一郎を支援していた姿と同じだということ。娘を思う父親の存在として頭のさがる思いを募らされた。

そして、利一と久美子の二人三脚が続き、多くの職員や協力者の輪がこどもたちを包んでいった。新たな出発となる結婚であった。

CHAPTER 2

学園は大きな家族

Boys be

海外事情　日本の明日を見た

ある時、「施設の建物改修の資金を得るために、アメリカのスポンサーを訪ねるが、アメリカにおける児童養護施設等の視察も兼ねて、先生もご一緒しませんか」と外国視察のお誘いを受けた。

私自身、海外視察はまだ経験がなかったので良い機会だと思い、同行をお願いした。三週間の休暇を取り、サンフランシスコ、ロサンゼルス、デンバー、テキサス、フィラデルフィア、ニューヨーク、シカゴ、ハワイを、飛行機、レンタカー、鉄道、そして地下鉄で移動。ホームステイ、モーテル、ホテルで泊まる駆け足の視察旅行だった。

当時のアメリカ、レーガン政権下では、「大規模施設を小規模にしていき、さらに心理的治療施設の転換を進めていく」という政策の途上だったが、視察行程は、大規模施設を小規模に変換した施設だけでなく、刑務所や少年院、児童の養護施設も含まれていた。

歴史的にみると、アメリカの施設は大規模なものが多い。訪ねた施設もかつては食堂だった建物が体育館になり、そして敷地内にグループホームが点在している形態や、大舎制のビルの内部を改修して、マンションのように数所帯が生活するような構造にしているところもあった。

特に印象に残ったのは、山すそまでが法人の広い敷地で、かつて砂金取りが街を作っていた時代にその収集ができなくなり、寂れ、人々が去っていったあとに残されたこどもたちのために、地域の婦人団体が始めたという孤児院だ。

心理指導的なケアをしていく施設のなかには、日本にはない、こどもの行動を是正するためのクワイエットルームが設置されているところもあった。

そのなかに作られたチャイルドミュージアムは、地域のこどもたちの活動の場であり、美術、工芸、演劇、音楽などがこどもたちの手で実施できる設備などを備えていた。

フィラデルフィアでは、公園でボーイスカウトがキャンペーンを実施しているのに出会った。私も日本のスカウトリーダーであると名乗ると、そのスカウトたちが手を引き自分たちの活動を説明してくれた。「私たちスカウトは兄弟である」という意識を確認した出来事である。

ニューヨークでは、チャイルドウェルフェアリーグオブアメリカの本部を訪ね、アメリカにおける児童福祉が、開拓時代、民間の力によってこどもの権利擁護を制度化していく過程の説明を受けた。

初めての海外旅行はホスピタリティーに満たされて、二百年の歴史の変遷のなかに築かれたダイレクトオブアメリカを体感する旅行であった。

その後、海外への視察の機会は多くなり、ニューヨークの貧民街にある養護施設や、里親センターなどを視察訪問する機会も得ることができた。サンフランシスコ大学タナカマリコ教授とロジャー教授との出会いでは、我が国の児童虐待問題を早くに提起され、職員養成への教示をいただいている。

イギリスの福祉の発祥地トインビィ・ホールにも行き、オックスフォード大学では学生たちとゼミナールに参加した。

アジアでは、マレーシア、韓国、台湾、タイ、香港にも行った。仲村優一《なかむらゆういち》先生のお供でイスラエルの国際会議にも出席した。韓国で国際会議の日本代表としてシンポジストを務めたことは、その後の我が国の社会的養護を推進していく大きなヒントを得る機会でもあった。

今も忘れられないのは、全社協と全国の高校生の代表者たちを引率し団長としてシンガポール、マレーシアを訪れた際に、主催者から渡されたメッセージ。「過去に我が国がおかした貴国への戦争による行為に深くおわびを申し上げる」という英文の一説である。

令和元年現在、こどもたちは「至誠学園（至誠大樹の家）」「至誠大地の家」「至誠大空の家」と近隣地域の中のグループホームで暮らしている。また、地域交流棟「かしの木プラザ」は育児支援、里親支援の養育センターとして生まれ変わろうとしている。

「至誠学園（至誠大樹の家）」は幼児から高校生までが九ホームで家族のように暮らしている。「至誠大地の家」は低年齢児を中心に家庭的な養育を七ホームで行い、こどもとお母さんが宿泊することができる施設もある。「至誠大空の家」は高齢児を対象としていて大学への進学も多い。

そういうなかで、私たちはこれまでの学園の良さや伝統をミッションとして受け継ぎ、学園開設時の定員六十名から現在の百五十名のこどもたちのために、時代のニーズに対して社会的養護に取り組んでいる。

次に昭和二十年代から四十年代にかけて至誠学園で生活していた卒園生の皆さんにお集まりいただき、学園で過ごした思い出などを語ってもらい、生活を共有した者同士のお話をご紹介する。すでに子を持つ親になっている四人のメンバーは、今の子育て論に話が弾む。家、家族とは何かを素朴な語り口調から問うているようだ。

そのなかから、私たちがこれからも大切にしなくてはならないものを掴み取っていきたいと考えている。

座談会

卒園生たちの至誠学園での生活

A……男・昭和二十五年生まれ・昭和二十七年〜四十一年在園
B……女・昭和二十六年生まれ・昭和三十三年〜四十五年在園
C……女・昭和三十一年生まれ・昭和三十七年〜四十七年在園
D……男・昭和三十三年生まれ・昭和四十一年〜四十八年在園
司会……高橋久雄（至誠学園施設長）・昭和二十三年生まれ

――本日のメンバーには、至誠学園の最初の園舎での生活を経験された方もいますね。年齢的にはちょっと開きがあるかもしれませんが、学園のはじめのころの、まだ世の中全体が物質的にそう豊かではなかったある時期、学園の生活を共有されていた皆さんです。まず当時の思い出から話しましょうか。一番古くから学園にいたのは？

旧園舎の思い出、トイレに行くのがこわかった

A　オレ。オレは昭和二十五年生まれで、二歳の時に学園に入ってきた。学園が三中（立川市立第三中学校）に建物を貸していた、すぐあとだね。だからまだ黒板やら学校の机とか残っていた。学校の校舎に使えるような建物だったから広くてね、夜トイレに行くのがこわかった。

B　うん、こわかった。いつも誰か起こして

行った。下の一番奥、食堂を通って……。階段がまた広くてねー。

A　お父さん、お母さん（前学園長夫妻）が住んでいる家と、その隣に、お母さんのお爺さんである金太郎お爺さんが住んでいた一軒家、今の園庭には、工場があったよね。そして、正門のつきあたりにドーンと学園の建物が大きく建っていた。下の保育園の所が運動場で、今の老人ホーム辺りはずっと畑だった。そして、豚小屋があった。だから老人ホームのお年寄りは、学園のこどもたちを「お山の子」と言っていた。

B　私、豚小屋に入れられた記憶がある（笑）。それに工場にあったあの大きい樽！　自分が小さかったからかもしれないけれど、とにかくすごーく大きかったことを覚えているわ。

――今の学園の前身だった少年保護事業時代のお酒造りや製菓の工場で、その工場がまだ残っていて、そこで使っていた樽なんだよね。はしごをかけて出入りするような大きな樽だったんだ。

A　オレ、あの樽の中に入ってたら、はしごをはずされちゃったことがある。泣くとカッコ悪いからと思って我慢したけれど、誰にも気付いてもらえず、最後には泣き出してしまった。そしたら、「誰か泣いている」と言って最初に気付いてくれたのが今の学園長。そして、引きずり出してくれたのがお父さんだった。半日くらいいたと思うよ。

卒園生の手で取りこわされた旧園舎

――Aさん、Bさん、その次に古いのが、C

さんで、この三人は一番古い園舎での生活も知っているんだよね。D君は？

D　オレは、昭和三十三年生まれで、六歳の時に学園に来たから、もう新しい園舎。といってもこの間壊されてしまったけど……。でも、その古い建物は、まだ三分の一くらい残っていて、そこに柔道場があって、オレ投げ飛ばされたよ。

C　そうそう。私もやった。女の子も柔道を希望制でやらせてもらえたから。今も私、受け身できるわよ。

A　男の子でも幼児のころは、早く柔道部に入りたくて仕方なかった。

B　柔道でもなんでもできたよね。あの広い部屋、どれくらいあったかしら。三十畳くらいかしらね。

C　天井とか、あんなに高くって、どうやって掃除していたんだろう。

B　私、屋根で本を読んでいて、ころげ落ちて死ぬかと思ったことあるわ。

――あの建物、最後は、卒園生の友の会のみんなが昭和五十六年の三十周年の活動として取りこわしてくれたんだよね。みんな歌うたってね。昔の頑丈な建物だから立派な板が使われていて、こわすのがもったいないくらいだったよね。

小さい子の世話はあたりまえ

――生活の場面ではどうだった？

A　Bは親分肌だったな。

C　私たちとBさんとの年齢が離れていて、間に女の子がいなかったんで、ずいぶんお姉さんという感じで、言われる通りにしていた。悪い意味でじゃないわよ。たとえば、髪の毛をとかしてもらうのだって、少しくらい痛くても、じっとしてやってもらっていた。

――そうだね。あのころは、朝の体操（六時半）前には、必ず大きい子が小さい子の髪をとかしてあげていたよね。

A あのころの大きい子は面倒見がよかったよね。

C 下の子にしてみれば、世話されてあたりまえ。

B 上の子は、下の子の面倒見てあたりまえだった。だから、私たちの下の子も、またその下のこどもたちの面倒をよく見るようになったんだよね。

――あのころは中学生の女の子が少なかったんだね。

C 間にいなかった分、上の人たちがすごく大人に見えて、千葉お姉さん（担当保母）がいないときはBさんの言うことを聞こうと思っていた。あの頃、Bさんのことを名前で呼ばず、〝オヤビン〟と呼んでいた。みんなニックネームで呼び合ったものよね。

分け隔てしなかったお父さん、お母さん

A 学園の良さっていうのは、オレたちみたいに家でいろんなことがあって、学園に入ってきた子も、学園のお父さん、お母さんのこどもたち（今の園長先生や典子姉さん、紘兄さん、久雄兄さん）も、分け隔てなく、一緒になって遊んだことだと思うよ。同じ小学校にも通っていたし。

怒られる時も一緒だったし。小さい時はオレたち、久雄兄さんたちとけんかして手を出しちゃうような時もあったけど、それでもお父さん、お母さんは遠くから見ていてくれた。別に自分の子だけを庇うことはまったくなかったよね。

オレの姉の話だと、園長の子だから典子姉さんの弁当の中身は自分たちとは違うだろうと思って、追いかけていって、弁当のふたを開けてみたことがあるんだって。そしたら、典子姉さんのも自分たちと一緒のおかずで、ごはんも麦飯だった。オレの姉さんは典子姉さんに「ごめんなさい」って謝ったって言ってたよ。

いい意味で今の園長先生や久雄兄さん、典子姉さんたちは、こどもたちのなかに溶け込んでいたと思うよ。

―― 当時の園長夫婦だった父や母の、そのことへの配慮はとても大きかったと思うね。こどもたちみんなの気持ちを大切にしていたんだと思う。学園が始まるころ、これからはあなたたちが一番ではないからと言われたのを思い出したよ。

お父さん、おじいさんの思い出

B 私は学園のお父さんに怒られた記憶はまったくないんだけど、みんなはどうだった？

A オレが後輩の子に肩車させてオナラをしたら、何もいわずにお父さんのパンチがとんできた。そしてオレ、肩車から落ちて、「お前、今何したのか分かってるのか」と言われた。「すみません」っていったら、「私にじゃなくて、その子に謝りなさい」と言われ、その子に謝ったことがあったよ。無理に肩車をさせて、嫌がっていたのも無視したことも含めて。

B へェ。私はお父さんっていうと優しいイメージがあって、そういうのって想像つかないな。

D オレなんかのころも、やさしいお父さんだった。

C 私の思い出は、いつも決まった場所に、デンとすわっていて、ニコニコしながら「おかえりなさい」と言ってくれた。怒る時は怒ったけど、遊ぶ時も半端じゃなくて遊んでくれた。どちらかというとお母さんの方が口うるさくてこわい役だったわね。

A お父さんは、オレたちと一緒になって、ドロンコになって遊んでくれたよな。それとオレ、お父さんやお母さんにもそうだけれど、そのまた上の金太郎お爺さんにもずいぶん世話になったよ。オレ、いくつぐらいの時なんだろう。学園の前の甲州街道で自分から車に体当たりしてしまって、気を失っていたことがあるの。目が覚めてみると、そこに付き添ってくれていたのが、金太郎お爺さんだった。そのあと、二〜三日そこで安静にしている時に、竹の皮に梅干しを挟んだものをおやつにもらった。オレ、そのころ、梅干しは嫌いだったけれど、ずいぶんと嬉しかったよ。

―― 金太郎お爺さんは昭和二十八年に亡くなっているから、Aさんが二歳か三歳の時の記憶だね。すごく印象が強かったんだね。

金太郎お爺さんは、至誠学舎理事長の奥さんの実父で、法人にも寄付金をたくさんして助けてくれた人で、高橋園長夫妻は、共に養子だったね。

D 学園の梅干しが、またしょっぱかったー(笑)。

C 私はその梅干し作りを学園で教わったわ。

B 大きなぬか漬け用の樽もあったよね。キュウリやナスを漬けていた。

裏の根川でよく遊んだ

D オレたちが学園にいたころ、昭和三十年代だけど、卵なんかふたりで一個だった。

B そうそう。黄身と白身を必死になって半分コして、ご飯にかけてね。そういうことは時代の流れもあるから仕方ないかもしれないけれど、でも今の子たちはずいぶん幸せだなって思うことあるわ。その後、養鶏でたくさんの鶏を育てられて、ひとり一個、卵が食べられたけどね。

A でもあの時代で、毎日卵食えるのなんて、本当に幸せだったんだと思うよ。

D 幸せといえば、遊ぶ所たくさんあったよね。友だちの家に遊びに行ってもつまらなかった。だから友だちが来る方が多かったよ。

A 裏の根川でもよく遊んだ。魚とったり、草を結んでいたずらしたり、崖の上に斜めに生えた大きな木にロープをかけてターザンごっこしたりとかね。

B そうよね。あのころやっていたけれど、今のこどもたちにはさせられないね。「危ないからやめなさい」って言っちゃう。

D 今の子たちはそういうことをやらないから危ないんだよ。知らないから。

A 学園では雨降っても部屋の中で馬乗りや

「だるまさんころんだ」ができたなー。

C　私がなつかしく思い出すのは犬。セントバーナードのマリーよ。夜になるといつも部屋にやってきた。あったかくて一緒に寝たのを覚えてる。小学校へ入ってから中学までずっと一緒だった。あれは利一兄さんと勇君が犬が好きで、就職した警察犬の訓練所で勇君が世話した子犬だよね。買ってってせがまれて、預金をはたいてお兄さんが買ったって聞いているよ。十万円以上したらしいね。バーナード犬の品評会にみんなで行ったのも懐かしいな。

つらすぎて文章にできない

―― 今回、卒園生の方々に、ご自分の生い立ちなどの手記をお願いしたんだけれど、「昔のことを書いていると先のことが見えてこわい」と言っていた人がいてね。それはどんな気持ちなんだろう。

A　オレは、学園に来てからずっと順調だったと思っているのね。オレ、学園に来た時は泣き虫でどうしようもなかったの。三つ違いの姉と一緒に来て、姉が親代わりにみたいに心強い存在だった。オレがいじめられていると、その子を怒ってくれて守ってくれた。その姉は途中で親に引き取られるんだよね、ひとりだけ。オレは学園に残された。頼りにしていた姉さんと離れてしまい、毎日毎日、泣いていた記憶があるよ。でもね、引き取られた姉の方がもっと悲惨だったんだよ。結果的に他の施設を転々とたらい回しされてしまった。そんなわけで、自分は本当に順調だったと思っているの。学園に来た時の幼児のころからのことを

こっこのおうち

思い出しながら書いていくと、これから先も何事もなく流れていくのかなぁというこわさがあるんだよ。

B　私は何の大きな出来事もなく平穏無事が一番いいと思うけどな。変わり映えがしなくてもね。

A　このまま流れにそってゆけばいいのかな。それが幸せなのかとも思うし、もうちょっと努力して変えてみることも必要なのかなと思ったりもする。

D　オレは、学園に入ってきたのは小学三年生の時で、その前のことが本当にいろいろありすぎて書けない。それにくらべると学園のことは楽しいことしか思い浮かばないね。

生まれてから学園に来るまで、本当にいろいろあって、文章にできないでいるんだ。小学校一年の半ば頃から二年間学校に行ってなかった。いろんな家へ行って、全部覚えているけれど、群馬とか赤羽だとか三軒くらいの家をあっちこっち連れていかれた。

だから学園に来た時はホッとしたよ。それで学校にも行けたし、同じ年ぐらいの友だちも大勢いたんで、本当に嬉しかった。入った瞬間嬉しいと思った。だから、利一兄さんが一緒に親の所へ連れていってくれたり、就職先の工務店に面接に行ってくれたりしたのは、自信が持てたね。頼りになるお兄さんだった。

一人大勢の中に放り出されて

――何が普通か、くらべるとむずかしいけれど、みんないろんな苦労や経験しているよね。それが大人になった時、プラス面、マイナス面などに影響していると思う？

B　自分たちでは苦労と思わず、これが普通だと思っている。特別かわいそうな人間とも思っていないし……。これが普通の生活だと思って生きてきた。今振り返ると、普通じゃなかったのかなと思うこともあるけどね。

C　そうねえ。今自分で子育てしていて、こどもをみていると、「自分がこの子くらいの時には……」って思い返したりすることがあるわね。そうすると親と一緒に生活していなかったし、そういう意味で普通じゃなかったんだなと思うわね。でも、こどものころはそれが普通だと思っていたわ。

A　オレは、普通のこどもたちが経験できないようなことをオレらは背負わされたと思う。なぜかというと、初めて学園に来た時、こんなに大勢の中にポンとひとり放り出されて、こどもの中で慣れるまで苦労するんだよ。こどもなりに頭の中で格闘して、誰につくか、誰に教わって、この学園の生活に慣れればいいのか必死になって探したんだと思うよ。

C　そうだね。私は兄と一緒に来たんだけど、兄とは年が七つも離れていて、学園に入った時は、幼児と学童とで部屋も離れていたからね。やっぱり心細かったな。

D　さっきも言ったように、オレは三年生から学園に来たけど、その前の生活があまりにひどかったから、むしろたくさんの友だちがいる学園はとにかく嬉しかった。

B　それじゃあ、誰についていこうかっていう心配よりも、仲間がいるって感じだったのね。

D　オレのオヤジ生きているけれど、オレ、まだ自分のこどもにオヤジを会わせたことがないんだ。そのうち会わせなきゃいけないかなと思っているけれど、そう急ぐ必要もないし、オヤジが孫に会いたければ自分から会いに来ると思っている。それよりは、オレは学園の方が自分の家だと思っているから、こうして学園にこどもを連れてきて、みんなに会ってほしいと思う。ここがオレの家だから。

学園に来たことが幸せのはじまり

A オレは生みの親が学園に預けてくれたことが幸せのはじまりだったと思っている。

C 私は父母のことは一切知らないの。おじいちゃんが府中にいて、それで知らぬ間に学園に来ていたわ。

B 私たちは一度は児童相談所ってところを通ってから来たでしょう。もし学園に直接お願いしますって来たら、そのまま預かれるの？

―― 手続き上は、都道府県の知事が権限をもっていて、直接の仕事をするのが児相であるので、児童相談所に相談や通告があると、児童相談所の一時保護所というところで何日かいてもらって、その間にその子のことや家族のこと、原因などを調べて、どこで生活するのが一番ふさわしいのか、児童福祉司さんの会議で決める。どこの施設に行くかは空いているかをその施設が決めるんだ。そして、養護施設とか里親宅とかというように決められたところに行くんだよ。もちろん学園に相談にくれば学園から児相に連絡できるよ。

D オレ、一時保護所でのこともよく覚えているよ。この学園に一緒に来た子と、もうひとりはどこか別のところへ行ったな。

遊びの延長だった悪さ

A　オレ、一度学園を脱走しようと考えたことがある。そうしてEやFたちと試みたんだ。そうしたら、オレらが歩いて知っているのは立川駅までで、線路を越えてしまうとまったく未知の世界。踏切で電車がひっきりなしに通って、なかなか踏切が開かなくて、寒くて仕方なくなった。こりゃあ、神様が脱走するなと言っているんじゃないかって、先輩が言って、帰ってきたことがある(笑)。まだオレがチビで、先輩たちのあとをついていって、このまま学園脱走して今晩はどこで寝るのかって心配になったんだね。オレが半ベソをかいたものだから、先輩たちも帰ろうと思ったらしい。学園がつらくて逃げるとかじゃなくて、遊びの延長だった。

C　そう、遊びの一種なんだよね。私たちにも似たようなことはあった。

D　オレらも、集団で一週間ぐらい学校をサボっていたことがあったなぁ。

——　そういえば、そんなこともあったね。そういう時は、こどもより大人の方が苦労しているんだよ。

B　そうだろうね。

C　そう、今になって分かる。親になって分かる気持ちだよね。やっちゃいけないって分かっていて、やるんだよね。

学園出身だって言わない

——　社会に出た時は、学園や施設のことを知らない人が多いでしょ。みんなが施設の出身だって聞いて、一般的にどういう反応をされたかな。

C　私なんかこういうあっけらかんとした性格だから、会社の人とか知らない人にそういう話をすると「エー」と驚かれるの。「すごく明るいね」って。もう自分のこどももできているのに、そんなにいつまでもくよくよしたってしようがないよね。そういうふうに見えないって言われるけれど、それがあたりまえだと思って成長したし、友達もいてすごく幸せだったと思っているわよ。

B　私は自分からはこういう学園にいたということは言わない。別に恥ずかしいとかそんなのじゃなくて、昔のそういうところというと、周りの人のイメージがすごく悪くて、暗いところを思い浮かべる人がいてね。

――誤解されるわけだね。

B　そう。誤解されるのも、同情されるのもイヤだし、そのために何か説明するのも面倒くさいしね。学園はこんなにいいところだよって、本当は威張って言いたいんだけど、分かる人ばかりじゃないから。

C　うん。だから相手を見て話すよね。私の気性ではつい話してしまうけれど、相手が理解するように伝えるのは難しいわよね。

A　施設もいろんなところがあるけど、ここに来て、この学園を見てもらうと、「お前、いいところで育ったな」と言ってくれる。トビ職やってる時の同僚を連れてきたら、「なんだ、Aはお坊ちゃんで育ったのか、こんなマンションみたいなところで。ガキのころはどんな生活してたの」って聞かれたよ（笑）。

学園が自慢だった

B　私、小学生のころから学園にいて、集団で生活していることを自慢していたわ。だから、学校の友だちもみんな「学園はいいな」って言っていた。いろんなところによく出かけられたし。「どこどこへ行くから早退」なんていうと、学園の子みんな一斉にワーッて帰ってきた。

D　オレが一年生の時、I先生っていう男の先生がいて、いつもオレとG、ふたりとも学園生なんだけど、ふたりを居残りさせるんだ。そして、靴下買ってくれたりしたんだ。オレ、靴下をはくのが嫌いで、いつもはいてなかったんだけど、先生はどう思ってたのかね。また夕方、ラーメン食わしてくれたりもしたな、たぶん、学園の子は食べる物も……という考えがあったんじゃなかろうか。

B　でもそれはいい先生なんだと思うよ。

A　オレ、よく学校の先生に殴られたよ。でも、殴ってくれる先生の方がよかったと思うこともあるよ。悪いことをすれば殴られるのはあたりまえだし、殴られた時、あっ、オレは悪さしていたんだなって気付くもんね。だからかな、大人になってから人を殴れないんだよ。殴っちゃうと「あー、あの痛さがあるんだな」って思うんだよ。

B　私なんか、女だから殴りたくても殴れないから、つい口が出ちゃう。

D　エー、そうかい？　こどものころ、同級生と取っ組み合いのけんかして、すごかったじゃないか。

C　そうそう。まわりは全然止められなくて、ものすごかったわよね。

B　エーッ。私、全然覚えてない。いいことしか覚えていないから（一同笑）。

他人の子も同じように叱ることができる

――みんな、学園のいわば大家族のなかで育ったわけだけど、それが今、子育てしているなかに生かされていると思いますか。

C　私の場合、よその子も自分の子と同じように気になるの。娘の学校の行事などで出かけても、自分の子よりよその子の方ばかり見ていることがあるのね。だから娘と同じように、よその子に対しても悪い時は悪いってはっきり言えるわ。

B　私もそうだわ。よそのこどもにはっきり悪いって言える。それが他の人と違うかもしれない。だからいつも「こわい」って言われるわ。

D　それが存在感になっているんだよ。オレは自分のこどもの友だちからも、おじちゃん、おじちゃん、と慕われています。

A　オレは近所の人から、こどもと仲良くていいねと言われる。こどもが小さい時から叱る時は思いきり叱る。遊ぶ時も思いきり遊ぶっていうふうにしてきた。学園のお父さん式にね。

集団生活で身についた規則正しい生活習慣

――学園のような集団生活は、普通の家庭とくらべると、堅苦しいとか、拘束されるというようにマイナス的に見られがちだけど……。

B　私は今まで学園の集団生活をイヤだって思ったことがないので、自分のこどもにもチャンスがあればさせたいと思うくらい。自然にいろんな勉強ができるわよ。拘束されていると感じたのは高校生になってからかな。でも、それはどこの家庭でも大なり小なりあるんじゃないの。私は自分が満足しているから、他の人や自分のこどもにも体験させてあげたいと思うわけで、人によっては自分の歩いてきた道を体験させたくないという人もいるんだもんね。

A　オレは団体生活で思いやりの心が身についたと思っているよ。

D　規則正しい生活習慣ができていいよね。日課もきちんとしていたし。でも、小さい時からいたからいいんであって、大きくなってからではダメだと思うな。

――生活習慣という言葉が出たけど、生活のリズムをきちんとするということは、自分自身が生活を充実させて、調子よく生活できるんだよね。

B　私、人に言われたことがあるの。朝は七時に起きなきゃいけない、いつまでにこれをしなきゃいけないっていうのが、すごく厳しすぎるって。これは学園で叩き込まれたことなのかもしれないね。

D　それってとてもいいことだと思うよ。時間を決めてやらせることは、こどもにはいい。うちの娘は水泳をやっているけど、オレができるから自信をもってこどもにも言える。

B　その「時間を決めて」というのが、こういうところにいたってことなのかなって思っちゃうのよ。

A　相手に対しても時間を守ることで、けじめがつけられるし、それはいいことだよな。

B　私なんか集合時間の一時間前に行って、お茶を飲んでひと息入れてから、仕事にかかるっていうのが身についている。

A　オレだってゆとりをもって仕事に行くようにしているよ。

――みんな前向きなんだね。

B　そうか、前向きだったんだね。たとえば掃除でも、一時間の時間があったら、今の子はタラタラ一時間かけてやるけど、私たちのころは、一時間のうち十五分できちんとやって、あとは遊ぼうという感じだったよね。

D　そういう意味では、学園の門の前の外掃除、秋から冬にかけての時期がイヤだったんだ。はいてもはいても落ち葉が出て、いつまでたっても終わらないんだもん。

――思い出は尽きませんが、この辺で終わりにしたいと思います。

C　最後に一言言わせてください。私、学園の職員の人を、お兄さん、お姉さんって言うのがとってもいいと思うの。先生なんかじゃない。やっぱり、お兄さん、お姉さんなの。どんなに年とっても、いつまでも私たちの年上の人っていう意味で。

A　オレも一言、言っておきたい。養子に入って、今の名前になったけど、結婚しようとカミさんと決めた時、どうしても相手のおばさんが反対していた。その時に、利一兄さんはユリの花束を持って、オレと一緒に会いに行ってくれ

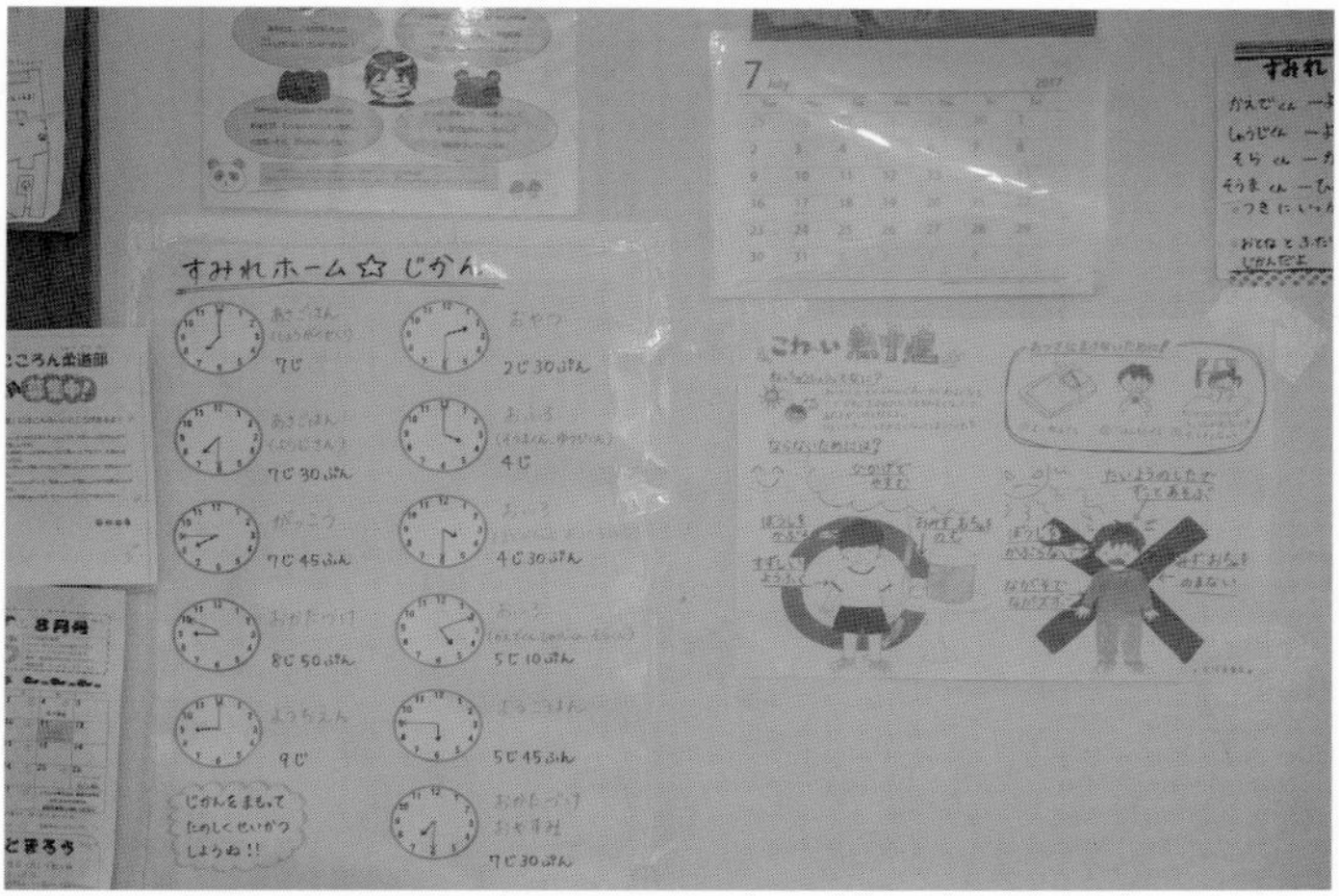

一日のスケジュールや伝言メッセージなどが
貼られている部屋の掲示板。

た。いろいろと話しているうちに、「親代わりに先生のような方がいるのなら安心です、よろしくお願いします」と結婚を承知してくれた。おばさんは学校の先生だったから、園長先生は偉い人だと思ったそうで、結婚式でも堂々と学園出身を話せた。

――そうですね。乗り切るのは、自分の力も必要だということですね。今日は本当にありがとうございました。

荒れる中学校のPTA会長

養護施設長は、児童福祉法により親権の代行、または一部代行者を義務づけられている。こどもたちが通学する小中学校および高校の保護者でもある。

ある時、地元の中学校で生徒の問題が激しくなり、PTA会長のなり手がいなくなって困っていた。会長推薦委員会のメンバーが何度も私のところにやってきて、会長候補として再三依頼された。「先生は施設のこどもたちの親代わりだから、当然PTA会長はできるはず」と言われて引き受けたが、この学校の荒れようは普通ではなかった。

校舎は破壊され、椅子や机をバリケードにして教員を阻止し授業を妨害、わがもの顔に廊下で自転車を乗り回す生徒たちの姿があった。教師は休み時間になると、教室やプールに投げ捨てられたたばこの吸い殻を集めて回り、用務員は破壊された校舎の修繕に追われていた。

私が会長に就任し、PTAとしてこうした問題の改善に首を突っ込むにはあまりにも課題が多かった。しかし、生徒会長以下正義派の生徒たちが懸命に、事態の改善に取り組んでいる姿を見て、放ってはおけない、何とか手助けをしなくてはいけないと決心したのである。我が園の中学生たちも、悪さの部分に加担していたのは言うまでもない。

私たちはＰＴＡ臨時総会を何度も開いて、校長先生から保護者たちに学校の現状を説明してもらった。それを聞いて親たちは立ちあがり、父親は大工道具を持参して破壊された教室を修繕し、担当教員に代わってクラブ活動のアシスタントとして指導を受け持ったりもした。運動会などでの行事では他校からの抗争を阻止するために、会場を警備し、私服警官を配置するなど、すさまじいものであった。

卒業式には生徒会の大きな垂れ幕が何本も舞台の袖に吊り下げられた。そこには「学校の自治を守ろう」「暴力を追放しよう」と大きな文字で書かれていた。

私は市の教育委員会を通じて立川市議会に、問題を打開するための学校設備の整備・改善を求めた。議会は超党派で全面協力をしてくれることになった。

その集大成が校舎の改修、および大きな体育館、屋上プールの実現である。生徒、ＰＴＡ、教師、卒業生、そして行政を巻き込むムーブメントとして、問題改善に取り組むことができたのだ。その原動力には、私自身がその中学校の第四期卒業生だったこともある。

事実を知るこどもの権利

「園長先生、どうして弟にはお母さんがいるの？」

その問いに正しく答えるべきか、私は迷った。

「……由宇《ゆう》ちゃんにも、お母さんがいる。だから、弟くんにも」

「私は一緒に暮らしてないもん。でも、弟は一緒に暮らしてるよ。お父さんも一緒だって」

彼女は小学生ながらに達観していたように感じた。

幼くして母親を亡くし、残された父親が養育が困難であるからと児童相談所に援助を求めて、オシメも取れない時期に至誠学園に預けられた子だ。

時々、面会に来る父親に家族のことを聞いたのだろう。それがかえって、家族に対する疑問を増やすことになるとは思わなかっただろうに。

「私はひとりなのかな？」

「いや、違うよ。由宇ちゃん、君はひとりじゃない」

私たちがいるじゃないか、と続けようとすると、なぜか言葉が喉に引っかかる。

由宇ちゃんには、本当の家族がいる。

そうした一面を物心ついてから知ったとして、その前から施設でできた家族、姉妹が在ったとして……どちらかの家族を強要することはできない。

できる限り本来の家族に戻すのが養護施設の基本的な考え方だが、ただ戻せばいいわけではない。親が家族として養育することが回復した（可能になった）と児童相談所（以下児相）が判断すれば措置が解除される（施設を退所する）。もちろん施設と児相と対象児童と話し合いを重ねたうえである。

父親は再婚し、その義母との間には弟も生まれた。

新しく母親になった女性に、由宇ちゃんは懐くことができず、また女性も受け入れることができなかった。

一度は家庭に帰ったが、学園に戻ってきてしまうのは仕方のないことだ。家庭環境はその後の養育に影響する。

こどもたちには健やかに育ってもらいたい。小さくも大きな願いである。悲願と言ってもいい。施設を出て家庭に引き取られた後、自立するにしてもこどもたちの未来がすべて明るいものでないことは理解している。だからこそ、将来への希望は小さく灯しておいてあげたいと思う。

由宇ちゃんは息をついて、微かに笑う。

「私もお父さんと、お母さんと一緒にいたいな」

「そうだよね……」

考えれば、かける言葉はいくらでも出てきただろう。でも、どれもそぐわないものしかない。児相の児童福祉司の判断もある。私たちが考えるこどもの未来もある。だから私は頭を撫でることしかできなかった。そして、親のぬくもりの代わりを務めさせてくれ、と懇願するようにその小さな身体を抱き寄せる。

由宇ちゃんの抵抗はなかったが、笑いもしなかった。

きょとんとしている彼女は、私の勝手な想いを受け止めきれずにいるのだろう。

それから数年、由宇ちゃんは学園で育ち、大きくなった。

生活拠点は学園の近くのグループホームで六人のこどもとふたりの職員が家族のように彼女と生活を続けたことで、道を踏みはずすことなく成長した。

「先生、家族ってなんだろうね」

学園では、ある程度の年齢になると、児童福祉司や職員から、こどもの求めに応じて一人ひとりの生い立ちや施設にいる理由などを丁寧に話して聞かせる。今後の自分の人生の形成において、より良い自立支援をするうえでも知らないことはなくした方がいいという方針ゆえだ。

「モンテッソーリ立川子どもの家」は、生活のなかにモンテッソーリ教育法を取り入れて、それぞれの発達に合わせた関わりを実施している。モンテッソーリ教育法とは、こどものこころと自主性を大切にした教育法だ。

高校から帰ってきた由宇ちゃんは、先日話したことへの疑問を解消するように、ぼんやりとした口調で話す。

「友達の家には、お父さんとお母さんが揃ってる。でも、私にはいないなって。なんでだろ。いや、お父さんが育てられずにここに入れてくれたのは知ってるけど、ね？」

父親は再婚相手との間にできた弟と共に暮らしている。

その輪に入れなかったのは由宇ちゃんだが、彼女が悪いわけじゃない。母親が亡くなり、そこは他人と等しい輪である。

父親が共有されているだけでは、彼女の家族たらしめない。それは単に、家族のようなものなのだろう。施設は由宇ちゃんの家族の輪でありたいが、しかしここには共有するものはあっても血のつながりはない。だからこそ、彼女にとっては気が楽なのかもしれなかった。

父親を奪われる心配も、母を失った悲しみも背負うことがない。ただ、学園の姉妹や兄弟たちと共に笑い、将来に向けて日々過ごせるのは、幸せな日々ともいえる。

「私はね、お母さんが恋しいんじゃないの。顔も覚えていないし、写真を見ても、ああ、この人が私のお母さんなんだ、って思うことしかできないからさ。でも、そうしたら、私のお母さんはずっといないんだって思って」

悲しくなった、と由宇ちゃんは寂しそうに笑う。

「先生は私に、ひとりじゃないって小学生のころに言ってくれたでしょ？　今でも憶えてる。嬉しかったよ。今になって、居場所があることがこんなにも嬉しいことなんだって実感してるもん。こうして高校にも通わせてもらってるしね」

そう言って、一回転する由宇ちゃんは、一年前より短くなったスカートをひらひらと揺らめかす。

「制服、似合ってるね」

「でしょー？　かわいいからここにしたんだ」

由宇ちゃんは最近、高校生のための自立支援セミナーでＮＰＯの資生堂の講師によって、高校生らしい化粧を覚えたらしい。女性職員に化粧の仕方を聞いて、試行錯誤しているという。

「でね、高校卒業したら私さ、美容系の仕事に就きたいなって」

「大学とか、行くんじゃないの？」

由宇ちゃんは首を振る。

「奨学金で借金してまで進学したくないんだ。私の借金だけど、きっとお父さんたちに迷惑かけちゃうし」

十八歳で施設は出なきゃならない。高校と同時の卒業は、ひとり立ちを意味している。措置が解除され経済的な施設のフォローがなくなり、親元に帰るか、独りで自立するかの選択を迫られる。

その二択を迫られた時、由宇ちゃんには片方しか選択の余地はなかったのだろう。

小学校のころでも拒否された父母の元へ、高校を卒業して帰ることなどできない。

「だから、働きたいの。自分で働いたお金で、夜学の保育士の資格の取れる短大に行く」

「ん？　美容系の仕事に就くんじゃないのか」

「就くけど、ゴールが違うの」

それでね、と口の端を引く由宇ちゃんの唇には、淡い桃色のリップが塗られていた。

「化粧はしたいし、広めたいよ。自分が楽しくできることだから、他の仕事よりも頑張れると思ってる。でも、それ以上に、親切な学園の保育士さんがいたから今があるわけでしょ？　将来は何しよう？　って考えてたら、自然と思い浮かんできたんだ。そしたら、楽しいことと、やりたいことは違うのかもしれないって思って」

不思議と頼もしく見える由宇ちゃんの姿から目が離せない。いつの間にこんなに大きくなったのだろう。

真剣な表情から一転、由宇ちゃんは笑った。

「でも、さっき言った通り、これ以上は世話をかけずに自分の力でやってくから。大丈夫、心配ないよ」

「お父さんには伝えたの、そのこと」

「ううん、言ってない。でも、卒園したら伝えるつもり。だってお父さんはお父さんだから。余計な心配はかけたくないもんね？」

彼女は小学生のころから達観していたと思う。それは、高校になっても自分の人生を俯瞰して見ているようで、なんだか私よりも大人びて感じてしまう。

無邪気に笑って、「変な話ごめんね、先生」とひらひらと手を振って事務所を出ていく彼女は、最後にひょっこりと廊下から顔を出した。

「ここで暮らせてよかったよ、先生。ありがとね」

目標が現実的になり、見据える未来も大きくなった。

由宇ちゃんのように自分の境遇を受け入れて、自分らしさを貫いていける子はそんなに多くはない。

実の家族のもとには戻ることはできなかったけれど、いつも面会に来てくれる祖母の愛情は十分に受け止めて理解できていたと思う。何より、学園の職員や学校の教師など、彼女をあたたかく見守ってきた周りの大人たちの尽力が実を結んでいるようにも感じた。

「……それは私のセリフだよ。ありがとな」

だからこそ、感謝の言葉はこちらから伝えたい。

健やかに育ってくれてありがとう。ずっとこれからも、見守っているよ、と。

そして夜学へ通学するための時間を見計らいつつ、彼女は三年間仕事と勉強を両立し、努力した。

(この女子学生のエピソードは朝日新聞に五回の連載で紹介された)

あたりまえの子育てができるように親に寄り添う

至誠学園にいる子の大半は、被虐待児、親から様々な虐待を受けてきたこどもたちだ。暴力だけじゃない、育児放棄《ネグレクト》も多い。こどもを産んでも、あたりまえのように親になれない親が増えている。


「今日、連れて帰りたい、一緒に暮らしますから」

彼女が来たのは、そういった親が増え始めたころだった。

名前をゆみちゃん。細くて小さい三歳の女の子。

彼女は両親と祖父母と一緒に狭い公営住宅に住んでいた。定職に就かない父親と、うつ病

親子の関係を取り戻すための部屋。心理学を専攻した職員、心理療法士などが連携して、生活心理療法を実施。親と子でこの部屋に宿泊し、様々な訓練を行いながら家族として再スタートできるようにサポートしている。

気味の母親は昼間から酒浸り。祖父母は孫をかわいがることもなく、面倒のひとつも見ない。望まれて生まれてきたはずの赤ん坊が、どうしてこんな悲劇にあわなくてはいけないのか。誰にも相手をされず、泣いているゆみちゃんを想像すると目を伏せたくなる。

「だから、言っているでしょう。お酒をやめましょうって」

「もうやめましたからっ！　私のどこが酒浸りだっていうんですか！」

相談室で話し合う母親の目はギラギラとしていた。叫ぶ母親の呼気からは、強いアルコールの香りがする。何度言っても治せないというのは、依存症の可能性がある。

「うっ、うぅ……」

「あ、大丈夫よ、お母さんがいるから。ほら、ね？　ね？」

あまり泣かない子だと聞いたが、やはり母親のこわい顔を見ると泣いてしまうのだろう。あやし方がわからず、とりあえず抱き寄せる彼女は、必死に母親の真似事をしていた。彼女は自分が親としてゆみちゃんの世話ができていないことを承知している。相談員に注意されると、その時は素直に従うが長続きはしない。

こどもに直接手をあげないだけ偉いが、それだけに厄介だ。自分の子を愛おしく思う感情はあるのに、満足に食事も与えず、オシメも取り替えず。挙句の果てには、昼間から酒に手を出し、夫や祖父母との口喧嘩の毎日。

ゆみちゃんの養育環境にはとことん適していなかった。

学園では大人しくてとてもいい子でいるゆみちゃんは、お母さんが大好きだった。

母親が月に一度面会に来ると喜んで飛びついていく。母親もゆみちゃんを強く抱いて、頬ずりして涙を流すのだ。

そうして、毎回のように母親が怒ったように口にするのである。

「今日、連れて帰ります。一緒に暮らしますから」

「だからね、お母さん……」

職員の話を聞こうとしない。彼女は面会に来ると、いつも酒臭かった。

お酒をやめてくださいと伝えても、「わかりました」のひと言で終わってしまう。

そうして髪も梳かさず、部屋着のようなジャージ姿の彼女は、ゆみちゃんの手を強く握ったまま離さずに私たちを睨みつけてくる。

「お母さんがこんなにお酒のニオイをさせていたら、ゆみちゃんがかわいそうでしょう」

「頑張ろうよ、お母さん」

そういう職員の言葉の意味を感じ取ったように、ゆみちゃんがお母さんの手を引く。

「まんま……ね？」

口にする言葉は、拙いものだ。それでも、母親には伝わる。赤ん坊と母親はテレパシーのようなものが備わっているらしい。泣き方で何をしてほしいのか伝わるというのだから、男側からしたら超能力者のようである。

ゆみちゃんの母親は、そのひと言に衝撃を受けたのだろう。

涙を流して彼女を抱きしめる母親は、その日から見違えるように変わった。

根気よく何度も励ます職員が、様々なアドバイスとサポートを続けると、母親もそれに応えようと努力する。ひと言で終わっていたそれも、段々と続くようになった。

父親とは離婚し、少しずつ自分の心を取り戻す訓練に励んだ結果、お酒に頼らず、アルバイトもできるようになっていった。

母親として、ひとりの人間としての生活力をつけていけるようになったのだ。

その後、数年して母親は再婚した。

相手の男性はゆみちゃんを自分の手で育てたいと言ってくれていて、面会にはふたりでやってくるようになった。ゆみちゃんと一緒に三人で暮らす準備も進めているという。

このころには母親は小奇麗なスーツ姿で面会に来るようになり、お酒のニオイもしなかった。

敷地の裏には清らかな川が流れ、緑いっぱいの庭に菜園があり、
季節の野菜を育て、おやつはそこで採れたきゅうりの塩もみを
作ってみんなで食べる。

そして、ゆみちゃんが五歳になったころ。

彼女は母親と新たな家庭に引き取られていった。

「ばいばい、せんせ」

「ああ、元気でな」

大きく手を振るゆみちゃんは、嬉しそうな笑みを浮かべて先日抜けた前歯を見せる。

親自身が成長し、変わるのを見守るのも施設の役目だ。

あたりまえの子育てができるようになるまで、私たちは辛抱強く親に寄り添うのである。

こどもの幸せを一番に思えるように、一緒に考えていくのだ。

『ショートステイ・トワイライトステイ』制度の発想はこのこどもたちから

ある日、相談に来た地域の方がいた。

「お父さんがひとりで頑張っているんだけどね、このままじゃ倒れちゃうよ」

こどもたちだけでも助けられないかと言う彼は、その家庭の近所に住んでいる学園の行

毎日ちなみちゃんを筆頭としたこどもたち３人は
おやつを食べて、宿題をして夕飯を食べ、お風呂に
入ってお父さんの帰りを待った。

事によく来られていた市会議員さんだった。

ちなみちゃんは、そんな家庭の長女である。

小三の彼女、弟は小一で、保育園児の妹……と、父親ひとりで面倒を見るには大変な年頃だ。母親が重い病で入院したため、その看病と仕事に忙しい父親に育児を負わせるとなると、確かにいつ倒れてもおかしくなかった。

「明日とも知れない母親に、あなたのためにこどもを施設に入れたとは言えない」

それこそ気力を奪い、今にも目を覚まさなくなってしまうような非道である。だが、だからといって父親を倒れさせては本末転倒だ。

しかし、正式な児童養護施設での措置には当てはまらない。制度外の案件だ。

今まででであれば断るべきところだった。人情だけではやっていけない現実が目の前にあり、ひとつを許せば、その他多くが押し寄せる結果を見据えれば彼らだけでなく、他の子の居場所を奪うことになる。しかし今回は職員たちからも賛同が多く、積極的な意見により、特別に三人のこどもたちの保育に取り組むことにした。

学校が終われば、学園の友達と帰ってくればいい。おやつを食べて、宿題をして。遊びながらお父さんの帰りを待てばいい。夕食だって食べていけばいい。それぐらいのことができないで、この学園の地域のこどもたちの施設としての役割などできようもない。

食事はすべて学園の台所で作り、近所の主婦の方たちがアルバイトとして手伝ってくれている。

食事の時間は、台所に入って調理を手伝う子、配膳を手伝う子がいて、みんなで食卓を囲み、普通の家と同じような風景。

「受け入れましょう」

ぐるぐると回る頭の中で、固い制度を取っ払い、私は即答していた。

看病に仕事と、育児に手が回らないとなればこどもたちだけでいつも留守番していることになる。彼女らを助けられるのは、こうして相談を受けた私たちだけだ。それに、放っておけないのが一番の理由だった。

児童相談所がダメだと言っても、放課後に学園の友達のところへ遊びに来たことのどこが悪いのかと答えるだけである。

何より、地元の親子の一大事にサポートひとつできず、我々の活動が何だというのか。

地域に開かれた施設を目指している学園としては当然のことでもあるのだ。地域のこどもたちが遊びに来ることは日常的なことだし、東京都も施設の社会活動を奨励しているのだから。

「ただいまー」

「おかえりなさーい」

そして、彼女らにとってここは第二の家となった。

ランドセルを揺らして、弟と手をつないだちなみちゃんが学園へと帰ってくる。すぐに妹を保育園に迎えにいく彼女らは、学園の子たちを含めて一緒に夕飯を食べて風呂に入り、宿題をして、夜には迎えに来る父親と共に家に帰る毎日。父親が来られない日は、共に夜を過ごしたこともある。

しかし、お母さんは間もなく亡くなった。彼女は夫にこどもたちの養育を感謝しつつ息を引き取ったという。妻が安心して天国へと旅立ったと、学園には感謝が寄せられた。

それから、三人兄弟そろって学園に入園し、ちなみちゃんは高校に進学後、老人ホームへと就職した。

持ち前の明るさと、コミュニケーション能力の高さは今でも生かされている。

彼女の弟は頑張って勉強し、法政大学の法学部に入学した。高校卒業後、家庭引き取りになったが、毎日のように学園に来て受験勉強に明け暮れていた努力が実ったというところだろう。

その後、交換留学制度を利用し、韓国に行ったのをきっかけに、卒業後には韓国の商社に就職。現在の勤務地が香港と、まさにグローバルな活躍を見せている。

彼は「僕はアジアと日本の架け橋になりたい」と言う。

娘や息子の活躍の折、お父さんは仕事の休みは学園の主催するボーイスカウトの指導者をしてくれている。

父親がひとりでこどもたちを抱えきれなくなったあの時、学園が家庭に代わる居場所となれたのが、こどもたちにいい影響となってくれたとしたら幸いだ。

今でも時折、学園に遊びに来てくれるちなみちゃんは、私を見つけるとこう言ってくれる。

「おかえりなさいって迎えてくれる場所が嬉しかったんです。弟や妹とも一緒にいられて、同世代の友達もいて……あたたかく私たちを迎えてくれる場所があったから、今の私があるんですよ」


また、同時期に第二子の出産に際して一週間長子を預かってほしいとの申し出があった。その申し出を受けてこどもを預かったことで、安心して第二子を産むことができたケースもある。私たちはまさに「実家」の役割を果たしたのだ。

こどもである時代は人生で一度きりだ。

だからこそ、こどもたちの心に傷が残るようなことはしたくない。養護施設はこどもたちにとって有意義な場所であり続けたいと思う。

こうした実践を厚生労働省の専門官に話した。

専門官は、「それは新しい取り組みだ」と役所に来て説明してほしいと前向きに考えてくれたのだ。

次年度の事業計画立案の会議でプレゼンテーションを求められ、霞ヶ関の児童家庭局で多勢の役人の前でヒアリングに応じた結果、『ショートステイ・トワイライトステイ』という制度として日本中の施設が取り組む事業となった。

会議の帰り、電車の中で専門官と何かいい事業名はないかと話している時、目に留まったホテル会社の車内広告『トワイライト・○○○○ホテルは安価』という一文から、命名立案されたものである。

『ショートステイ・トワイライトステイ制度』

この制度は、全国の施設が、国の措置事業として実施している。

人情だけではどちらも救えない時代、息苦しさによって未来を潰されるこどもたちをこれ以上増やさないためにも、あの時の判断は正しかったのだ。こどものための施設の機能は、従来の措置ではない、自身の信条に従ったことで間違いなかった。賛同する職員たちの理念の具現化に、自身のことでありながらも誇りに思っている。

いつも学園の近くにいて――今思えば、目標に向かう競争相手だった

「施設出身ということを気にしないといったらウソになる。なにくそという気持ち、意地なんだよね」という黒岩君は、しっかりと目標をもって生きている迫力が感じられる。彼は、自分の生き方などを体験のなかから感じ、つかみ取っていた。

私が小学校、中学校を共にした学園の友であり、にいさん、にいさんと親しく私に近づいてくる子だった。二歳年下の弟のようで、自分のことを語ると、ふた言目には「オレはバカだから」と言う。中学生の時から日本そば店でアルバイトをして、中学を卒業すると横浜にある中華街の中国料理店で働き、料理の修行をした。わき目も振らず自分の道を一筋に歩んでいく逞しさが感じられた。「学園にはなかなか来れなくて」と言いながらいつも学園と後輩を気にしてくれていた。

学園の卒園生のアフターケアの仕事場として経営されている国立国会図書館の中にあるコーヒーショップ『花泉』の経営にも従事した。この店は先代の園長の宮内庁時代の友人の方たちが職員組合の福利厚生事業として学園の出身者の自立支援のために設けてくださった店であり、図書館の職員と利用者がお客様で、居心地の良い職場だった。

万事おおらかな雰囲気の陰で、ちゃんと目標に向けて計算がなされている。

四歳の時に終戦をむかえ、父は戦死、母は生きるために黒岩君を施設にあずけて再婚した。それは後で知らされたが、「オレは幸せだった。こうして今日があるのだから。あのころは戦災孤児がたくさんいた。上野駅の浮浪児たちの生活の悲惨さを考えると、自分の苦しさを言える時代ではなかった」。自分だけではないという意識が彼を支えていたのかもしれない。「今の子たちのほうがつらい思いをしているのではないか。この平和な時代に施設に入ってこなければならない子たちを思うと胸のつまる思いがする」と悲しげに言う。その後、彼は学園の近くに中華料理店を開店した。先代の協力者が土地を貸してくれた小さな店で、学園総出で開店準備を手伝った。のれんを縫い、チラシを印刷し、お客にもなった。「園長のこどもたちに寄せる愛情の深さを知っている。言葉に表せないほどこどもたちに対する思いがあったんだよね」と回想してくれる。

この学園のある町会の一員となり、「やっと六丁目の住人になった気がする」と心から嬉しそうにつぶやく彼は自分の育ったこの地に根を下ろし、学園と町のパイプ役として新たなコミュニティづくりに意欲を燃やしていた。しかし、みんなに惜しまれつつ病死してしまった。わき目も振らず自分の道を一筋に歩んだ黒岩君はたくましい一生を送ったと思う。合掌。

CHAPTER 3

身元不明の遺体は卒園生だった

身元不明の遺体は卒園生だった

電話が鳴ったのは、年の瀬の夜更けごろだった。

入浴を済ませた学園のこどもたちがリビングで集まってテレビを見たり、自室に戻っていたりして、ようやく夜陰の静けさを取り戻した年末の学園の廊下には、ひんやりと冷たい空気が流れていた。若いころより重たくなった肩や腰は冷えに弱く、しばらく動かさないと鈍くなるのが難点だろう。毎日の来年度の予算活動の動員で忙しかったこともある。

すでに夜の十一時を過ぎるころ。

衰えを自覚し、身体に喝を入れていつものように高校生たちの入浴の終わりを見計らって、風呂掃除に向かう最中、背中から声がかかった。

「園長先生、警察からです」

宿直の職員だった。

何事かと事務室に戻ると、職員が右手に持った電話の受話器を指差しながら、「警察」と繰り返す。

特に思い当たることもないが、なんだろうか。

最近の至誠学園では珍しいことだ。

卒園したとしても、多くのこどもたちは連絡をくれるし、別に私でなくとも誰かとつながっている。警察よりも、こどもたちの友人やその他関係者から連絡が来る方が早かったりする。

とはいえ、学園を脱け出して街中をふらつき、厄介ごとに巻き込まれたり、自らいざこざを起こしたりして警察のご厄介になる子が必ずしもいないわけじゃない。

大抵、同じ顔ぶれでしかないが、何人かの顔を思い浮かべながら、受話器を受け取る。

「池袋署の警察の方だそうです」

「そうか」

受話口を塞いでいた手を受話器から放す。

「もしもし、お電話代わりました」

「ああいや、すいません。こんな夜遅くに。ちょっと確認したいことがあって連絡させていただきまして」

「はあ」

「責任者の方をお願いしたので、すいません。通告があって、路上生活者の遺体を引き取ったのですが、持っていた財布のなかのメモに残っていた無名の電話番号にかけたら、そちらにつながった形なんですよ。確認しますが、さっきの方が名乗っていたように、そちらは『至誠学園』というこどもの施設で合ってますか?」

「はい。そうです」

警察官が口にする「路上生活者」という言葉に、躓きかけた言葉を一度並べ直す。

「うちは、立川にある児童養護施設です。いろいろな事情で親と暮らせなくなったこどもたちを養育する、児童養護施設です」

「はあ、児童養護施設。そうですか」

ふむ、と考え込むような声がして、数秒の間が空いた。

その間も受話器越しに慌ただしい雑踏がひしめいている。「路上生活者」というからには、どんなことがあったのだろう。

至誠学園の誰かが……在園生であれ、卒園生であれ、職員でさえも、誰かが関わっていてほしくはないが。

苦渋の色を滲ませるように、警察官は口を開く。

「いや、実はね、身元確認をしてもらいたい男性がいまして」


真夜中の高速道路は、渺渺《びょうびょう》たる闇に包まれていた。

運転する主任のとなりに座る私は窓の外を眺め、車内に流れるラジオはいい加減な会話で笑いを取ろうとしている。ドリンクホルダーにあるぬるくなった缶コーヒーは、ちゃぷっと水音を立て、小さなBGMを奏でていた。

車外は点々と車線を分けるランプと、電光掲示板が目に入るだけで、対向車の姿もあまり見ない。まるで導かれるように、年末の繁華街のなかにあったが、指定された警察署まで信号にも捕まらなかった。

物事がすんなりと進みすぎて、逆にこわくなる。警察官の言葉が、そうさせているのかもしれない。

ネオン街を抜けて警察署の駐車場に車を停め、鍵をかける。

もしかしたら、と一瞬でも心臓が締めつけられたあの感覚は二度と味わいたくない。けれども、学園で過ごしていると何度かこのような近い場面に出くわす。補導されるだけならまだいい。遺体となって帰ってくるのは、特例中の特例だ。

受付で身分を名乗ると、待合室に通された。

「ご足労いただきすいません。あなたが、園長先生でよろしいですか」

「あなたが、電話の」

数分後、現れたのは電話をしてきた担当官だった。頭を下げる彼に、私も合わせる。

愛想笑いなどは必要ないだろう。

身元を確認してほしい男性というのは、先の遺体だった。

「ご遺体をね、家族に引き取ってもらわないといけないんですよ。ただ、連絡先も何も、どこの誰かも分からないので」

「はあ、それで、うちに」

「ええ。彼の持ち物を整理していた時に、持っていた財布に電話番号を書いた紙きれが入っていたのでどこか分からずに電話した次第です」

「じゃあ、行きましょうか」

警察官に先導され、私たちは署内の地下霊安室へと連れていかれた。

蛍光灯の灯りが揺れる。

足音が響く無機質な廊下は異様な雰囲気だった。無意識に鞄の持ち手に力が入る。

養護施設は児童福祉法により、十八歳未満で措置が切れ、退所するのが決まりだ。就職、進学に関わらず、施設での生活を卒業し、ひとり立ちできるように児童相談所の指導が入る。以前は中学卒業で住み込みで就職するか、親元か親戚の家に引き取ってもらっていた。しかしそれも難しい子はいる。職親（家族に代わって保証人になってくれる人）を探してあげて、忍びなくともひとりで生きていかれるよう自立させなくてはいけなかった。

全員が一般的な社会人として暮らしていけるわけじゃない。こうして遺体として戻ってくる子は珍しいが、施設を頼りにし続ける子が多い。それでもその後、施設を出て家族と幸せな生活が送れるようになる子もいて、学園にいたことを踏み台にして、頑張って会社を立ち上げた卒園生もたくさんいる。皆が皆、不幸な顛末をたどるわけじゃない。

遺体は、四十代ぐらいの男性だという。卒園生の誰かなのだろう。連絡はできただろうに学園を卒園して二十年以上、音信不通だったのか。

私たちに何かひとつ話しでもしてくれれば、変化はあったんじゃないのか。

（私は……なんのために）

悔やむ気持ちが込み上げてきたと同時に、先を行く警察官が足を止めた。

「ここです」

案内されたのは、扉のプレートに何も書かれていない部屋だった。

扉を開けると、真っ先に線香の香りがした。続いて視界を霞める煙が晴れていき、中央に置かれた寝台が目に入る。

「……」

白い布で覆われた、いわゆるドラマとかで見るように遺体が安置されていた。小さいようで膨らんで見えるそれは、誰のものなのか。不安が募っていく。

見知った顔が……脳裏をよぎる何人かの顔を打ち消し、私は顔にかけられた布を取った。

「……これは」

そこには、肌が浅黒くなった小柄な男性が瞼を閉じていた。

パッと見て一夫《かずお》くんなのだろうと思った。幼いころの無邪気な笑顔が浮かんでは、冷たくなった目の前の彼と重なって、目を背けたくなる。

「どうです？　なんだかまあ、酷いものですが……誰だか、分かります？」

「ええ、はい……」

言葉にしづらかった。

可愛かった園生時代の出来事が脳裏を駆け抜けていくのだ。

友達と共に庭を駆けていた姿が、おやつをねだりに笑みを浮かべて近寄ってきた姿が、そしてピアノに向かってボランティアの慶応大学ライチウス会の女子大生に手を取り教えられていた姿が。

一夫くんは児相の考えで里親さんに委託された。そして、里親の養育を受け就職後、成人となり、ある事件に巻き込まれて、警察のお世話になった時には彼と面会もした。

彼の笑顔は変わらなかった。仕方なさげに、でも少し悔しそうに笑みを浮かべる一夫くんを、私は片時も忘れることができなかった。

「……っ」

確か、娘のいる年上の女性と結婚をして幸せな生活をしていると聞いていたが……彼の顔に白い布を再びかぶせて合掌の後、私は警察官に向き直る。

「学園にいた子だと思います。記録を調べてみて住所など確認してからでないとお答えできませんが……彼が卒園生なのは確かでしょう」

「そうですか……では、ご家族への連絡も可能ですかね？　検死が終わったらご遺体は引き取ってもらわないといけないので」

「もし、引き取り手が見つからなかった場合は、どうなりますか」

　ううん、と唸る警察官は口端を歪める。

「こちらでお骨にして、見つかるまで保管という形になるかと」

「名前は分かるかもしれませんが、何しろ退所して二十年以上となると退所後の情報が少なくて……それに、養護施設はいろいろな事情がある子ばかりです。引き取ってくれる遺族が見つかるかどうかは……資料を至急お送りしますので警察から確認してもらえますか」

「まあ、名前さえ判明すれば、市でも都でもどこかに記録はあるかと。施設に入る事情さえわかれば、こちらで辿ることはできると思いますよ」

「そうですか。じゃあ、こちらは一刻も早く名前を見つけます。写真とか、撮ってあったりしますか？　顔を見れば、分かる職員もいるかもしれないので」

「ええ、あとでお渡しします。では、夜分遅くにご足労いただいてありがとうございました。玄関口まで送りますよ」

「ああ、ありがとうございます」

最後に警察官は手を合わせると、布を被る寝台に目を向けて「よかったな」と小さく微笑んでいた。


小さな霊安室は、ひんやりとしている。

線香の煙がゆったりと辺りを旋回し、私たちを巻き取ろうとして霧散する。

ここに生ある者はいない。廊下と扉ひとつ隔てて、三途の川の向こう側なのだろう。

「……？」

だからなのか、ふと手に触れる何かがあった。

咄嗟に視線を振れば、小学生のころの彼の笑顔が一瞬、そこにあったような気がして……。

「園長先生？」

「ああ、いえ。なんでも」

扉口に手をかけ、訝しむ警察官に笑みを作り、私はその後に続く。

見間違えだと考えながら、しかし思い過ごしにしては少し違うと、首を傾げる。

たぶん、あの子なのだろう。一夫くんだ。

頭では分かっていても、確証はない。確実なことを口にできない以上、園に帰って記録を確かめてからでなくては、彼が一夫くんだとは……もしかしたら、別の子の可能性だってあるのだ。

再発する眠気が、緊張の途切れた瞼を重くする。幻覚はきっとそのせいだろう。警察署を出て見上げた夜空は、学園を出る前より夜陰を深め、闇一色だった。

まるで静かに当惑する私の心のようで、ため息がひとつ落ちた。

「あぁ……でも、これだけだと似てるだけだしなぁ」

当時のことを知る元職員に警察署で貰った写真を見せると、にらめっこしながら、ううん、と唸る。

「やっぱりでも、そうだよ。あの、愛嬌のある……一夫くん」

「ああ。こんな姿になっても、面影はあるんだよ」

「うん、そうだよね。いつも笑ってて」

と何かに気づいたように、「あれある？」と彼女は熟年夫婦のような問いかけをしてくる。

「……あれ、って何？」

「あれ、分かんないですか？　あれです、あれ。いつもの」

「それだけじゃ分からないから。前もそうだったよな、『あれ』とか『それ』とか」

「いや、園長なら分かってくれると思って」

「いつも最終的には分かってくれたじゃないですかー」と笑みを見せる彼女は、憎めない相手だ。いつも浮かべている茶目っ気のある笑顔は職員だけでなく、こどもたちにも好かれている。

そんな彼女も久々に会えば、目元に小じわが寄るようになっていた。時が経つのは早い。

「仕方ないですね、そこです。その棚にしまってありませんでしたっけ？」

使えない、とでも言いたげなため息をつかれ、前言撤回したくなった。

だが、今は昨夜の彼についての相談だ。ここで頭に来ている場合じゃない。

彼女が指し示したのは、行事関連の資料が入っている棚だった。

学園では毎年、こどもの日にガーデンパーティーを開催している。飲食模擬店やゲームコーナー、演奏会など、ボランティアの大学生や卒園生、学園の支援者たちと手作りの催しを用意して地域のこどもたちや住民を招いて共に楽しむガーデンパーティーだ。

私がこどものころから副施設長である母のアイデアで行っていた催しであり、その際にいつもパーティー参加者全員で、大集合写真を撮っていた。

棚には、資料と共にそうした写真も一緒にしまってある。なぜかしたり顔をする昔と変わらない彼女を無視して、私は棚に向かった。

生活の記録としてアルバムにまとめたものがガラス戸の奥に並んでいる。そのうちの、二十年前……古くなって少し黄ばんできた背表紙のアルバムを手に取ると、私はそれをテーブルに並べた。

「懐かしいなぁ」

「本当に懐かしい。このころとまったく変わんないな」

「え、そうかな？　いや、老けたよー」

いつまでも若いままの彼女は、「いやそれより一夫くんだよね」と虫眼鏡をどこからか持ってきて一人ひとりの顔を確認していく。

人一倍やる気ある彼女に取り残された私も、調子を狂わされながら顔を追った。

「いたいた、一夫くん」

「あ、本当だ」

指し示すのは、大勢のこどもや大人たちの後ろに隠れる、顔だけ覗かせている男の子。

昨夜、池袋警察署で見た彼と酷似していた。いや、彼そのものだろう。

その次の年に撮られた写真にもいるが、皆が笑っている端で、人一倍に笑顔を咲かせている。輪の端にいても、彼の存在感の大きさを実感させられる。

「一夫くんも、こんなに大きくなってたんだね」

警察署で貰った写真と、アルバムの写真とを見くらべながら、彼女は涙を拭う仕草をする。

彼に何があったのだろうか、と何度考えても追いつけない答えは迷走している。

よく多摩川に魚とりに連れていった思い出も、絵を描いた思い出も。時には店に謝りにいったこともある楽しいだけじゃない記憶の隅々に、どうして彼の顛末がこうなってしまったのか、などと後悔ばかりが募る。

卒園後の人生は、彼ら彼女らが決めていくものだ。

助けを求められれば職員は動くが、しかし指針を委ねることはできない。だからこそ心配にもなるし、不安にもなる。

「元気にしてたのかな」

「元気にしていたと、私は思うよ」

懐かしむように瞳を細める彼女に、私は希望的な言葉を呟く。

顔を見ていて引きずり出される記憶の中の一夫くんは、やはり誰かと一緒にいることが多かった。ここでの暮らしにすぐに馴染んで、友達も多かったように思う。

そんな彼は三年弱という短い間、至誠学園から小学校に通い、時には先生に呼び出されたが、特別大きな問題を起こすこともなく過ごしていた。

学園では時々、ふっといなくなったこともある。探しにいくと、学園の裏手にある河川敷に鬱蒼と茂った葦のなかで、膝を抱えて座り込んでいることが多かった。かくれんぼのつもりだろうか。見つけると、「見つかっちゃった」と笑う彼の姿は懐かしい。

「笑った顔、もっと見たかったね」

昔を思い出してふたり、警察署で貰った写真を見つめる。

一夫くんは退園後、里親さんの養育を経て小さな工場に就職していた。警察のお世話になって面会したが、その後仕事を辞めてしまったとも聞いた。家族と一緒にいたとばかり思っていたが、音沙汰がなくなってからは本当に何も情報は入ってこなかったのだ。

私たちのところにお金を借りに来るわけでもなかった。心配になって連絡先を辿って探し回った挙句の果て、彼の知人にようやく会うことができたが、彼自身に会うことは叶わなかった。

「ねえ、園長。一夫くんは、どんな生活を送ってたの?」

「望んでいた家庭を営むことができて幸せだったようだ」

少なくとも、一夫くんの人生の半分は幸福であったのだろう、と私は思う。

知人の話では、一夫くんは幼い女の子を育てている女性と結婚したそうだ。とてもかわいがっていて、娘のためにピアノを買って、ピアノ教室まで通わせて。そのために夜も懸命に働いていたというのだ。彼が夢見ていた家庭を営めていたのは想像に難くない。

その様子を聞いた時は、学園のホールでボランティアの女子大生に倣ってピアノを弾いていた彼の姿が重なるようで目頭が熱くなったのを憶えている。

しかし、幸福な時間はそう長く続きはしなかった。

ある日、彼の嫁さんと娘は預金をすべて持って家出をしてしまったのだという。彼もそのあとを追うように消息を絶って……知人の話はこれ以上続くことはなかった。

その後の話は、警察で聞くことができた。

推定四十歳……実際にはそれより五歳上の彼は、最後の数年をホームレスと同じような暮らしをしていたと捜査でわかってきたという。公園や河川敷を転々とし、その日暮らしだったのだと。あまり想像はしたくない。

そうした暮らしは気力も体力も奪っていく。朽ち果てていくような感覚を味わうのは生き地獄のようで、だからこそ、ようやく楽になれたのだなと考える自分もいる。

ようやく幼い時に味わえなかった家族での生活を実現できたのに、とも後悔はあるが。

「……？」

「どうしたんです？　園長先生」

今はもう、一夫くん自身から言葉ひとつ聞くこともできない。

だからこそ、これは想像でしかない。

霊安室で見た姿に、幼いころの一夫くんの笑顔を思い出す。

里親さんへ行ったけどもしかしたら、私の迎えをずっと……。

都合のいい想像でしかないのはわかっている。だが、それでも。

「いや、なんでもないよ」

振り返った廊下から聞こえたぺたぺたという足音が、一夫くんのような気がしてならなかった。


結局、警察の調べでも遺族が判明できず、検視の後、遺体を引き取ることにした。

同行した児童指導員である弟は、住民登録のある区の福祉課に頼み込み、事情を説明して彼を火葬し、卒園生の当時を知る人たちと葬式をして善光寺にある学園の墓に埋葬の手続きをしてくれた。

この墓には、他にも数名の身寄りのない卒園生が眠っている。この善光寺には、我が家の先祖代々の墓地がある。その敷地に、お寺の厚意で学園の卒園生用に墓を設けてある。

一夫くんは学園の大ホールでボランティアの
女子大生にピアノを習っていた。

CHAPTER 4

保護司を務めて五十年

こどもが助けを求めたらすぐに飛んでいく

切っても切れない関係がある。

養護施設と警察は、その代表例ともいえる。万引きをしたり、喧嘩をしたり。実親のことなどでも、様々な迷惑行為で警察のお世話になる子がいるのだ。

私は二十九歳から五十年保護司を務めている。

在籍する子だけでなく、地域の学園と少しでも関わりがあれば警察からの連絡が入る。

「この、樹留《たつる》さんについて話を聞きたいのですが」

ある日、やってきた刑事は単刀直入に訊いてきた。

樹留くんはかつてこの施設にいた子だ。二年ぐらい在籍していたが、父親の出所と同時に、親元へと帰っていた。もう二十年ぐらい前に家庭に帰った子だ。

学校ではスポーツ活動に精を出していて、溌溂《はつらつ》とした子だったのを憶えている。

その彼が、窃盗事件の犯人グループのひとりとして捕まったという。

「パシリという立ち場の子で、いわゆるそのまま、使い走りのことです。逆らえなかった面はあると思いますが、罪は罪なので逮捕という形に」

「すいません、樹留がご迷惑をおかけしました」

「いえいえ、園長先生に謝ってもらうことでもないですよ。養育環境の調査でもないですし、そういうのは別の管轄なので」

困ったように笑うと、刑事はこほん、と咳払いする。

「いやね、樹留くんがどのような生活をしていたのかを聴取していたわけですが、その際に『学園にいた時だけが、自分にとって本当のこども時代だったんだ』って懐かしそうに言っていたんです。なので、学園はどういうところなのか、と伺ったわけで」

他のことには淡白だった回答も、しかし至誠学園の話になると遠くを見つめるように目を細め、思い出を語るように声を弾ませたらしい。

悪い子ではなかった。こどもらしくて面倒見のいい子で、学園の小さな子たちと遊び群れ、はしゃいでいた姿は鮮明に記憶に残っている。

「学園だと悪い子じゃなかったですね。外では事件は起こしますが、でもやっぱり……つるんでしまう仲間を選べない実態が、あるのかもしれないですね。警察のお世話になる子たちは大概、見た目も口調も悪さを気取ってはいるんですが、根は悪くない……普通に暮らしていても他の子とくらべて遜色ない子ばかりです。ですが、やはり事情を聴くと、仲間が酷いことが多いかと」

警察沙汰になる子がすべて、芯から悪いというわけじゃない。

その背景には他に悪賢い、黒幕というのが必ずいるのだ。

「あの店にああいうものがあってさぁ……好きなんだよねぇ、オレ」

はっきりと、「盗ってこい」なんて言わない。

ボスは大抵、思わせぶりな態度で囁くだけだ。しかし口にすれば、それを手に入れなくては気が済まない。だから誰かが盗ってこなくては……指名されてしまえば、盗ってこなくては仲間外れにされてしまうから、気に入られ続けるために盗む。

そうした連中とつるんでいる子たちは、多くがお金を持っていない。買うにしてもエスカレートする彼らの要求に、金は底をつくだろう。だから、窃盗をするしかない。しかも一度でも成功すれば、次もできるだろうと頼まれてしまう。

仲間内での信頼や絆は献上の質によって決まるのだ。

皆がやっているから大丈夫だ、なんて集団心理を利用して、犯罪を助長させる。

施設に来る子は、親と暮らせない。内情には、寂しさがいつも巣食っている。悪い仲間でも、常に一緒にいてくれて、声をかけてくれると自然と縋ってしまう。

そうして捕まり、鑑別所に送られ、世間から排除される側の人間になると、沼から足を引き抜くだけでも大変な気苦労を強いられることになる。

しかし抜けようとして助けを求めている。こうした刑事の行為は樹留の更生する力になると思いたい。そう祈りたい。楽しかったこども時代に復帰する力として刑事の言葉があると信じる。

人間はひとりでは生きていけない。

だからこそ、大人がこどもを大事に見守っていなくてはいけない。

「それでは、失礼します」

しばらく話したあと、次があるという刑事を見送る。

この刑事が訪ねてきた意味を私は感じ取った。本人の更生のため少しでも根底にある善意を知ろうと努めてくれている姿だ。

私は夜間、アルコールは一滴も飲まない。どんな会合の場でも、もちろん自分の部屋に帰っても、だ。それは、下戸というわけではない。

真夜中にでも、SOSの電話がかかってくる可能性を考えてのことだ。守らなくてはならない子たちのために、宿直の職員はいるが、しかし園長として目の前のこどもたちを守る責務は放棄しない。だからこそ駆けつけなくてはならない時、すぐに向かえるように、職員のサポートを含め、私も施設に住み込んでいる。車を運転できるのは私だけだったこともあった。

社会で生活するうえで法を守ることも学ばねばならない。実際に、警察から夜中に呼び出されたことは何度かある。取り調べを受けているこどもを待つ時間、なんともなさけない思いで待合室で過ごしたこともある。

いつでも全力でこどもを守っていく

「なんでも好きなもの食べていいよ。それから話をしようね」

人の少ない真夜中のファミレス。

訝しむ店員に申し訳なく会釈して席に案内してもらってから、私は疲れの回る身体をソファに預けた。

時刻はもう零時を過ぎている。

老体に鞭を打つとはこのことだ。映画俳優ばりの活躍を果たすには、本格的なトレーニングが必要だろう。再び噴き出す汗で張りつく前髪をおしぼりで拭いあげながら、私は上着を脱いだ。

「園長先生……ひどい顔じゃん」

「あきらくんだって、大丈夫か。また血が滲んでるぞ」

「俺はね。痛みを我慢するのは慣れてるし。でも園長先生は歳だしね」

「助けてもらって言う言葉か、それ」

ふっ、と小さく笑顔を見せるあきらくんに、私も合わせて笑う。

あきらくんは、中学の時からいわゆる非行グループの使い走りのような存在だった。卒園後は小さな工場に就職させてもらったがすぐに飛び出し、町のチンピラに気に入られ、私たちの手が届かないところに行ってしまった子だ。

しかし諦めきれず探し回るうち、あきらくんが出入りするという店を突き止めた。そうして向かった先の店前で、袋叩きに遭っている彼を見つけたのである。

たった半刻前のことだと思うと、未だに夢のようだ。

「何をしているんだ！」と叫んで凄みを利かせる。

一瞬たじろぐ男たちの隙をつき、腰を抜かして座り込むあきらくんの腕を取って走り出した私は、自慢じゃないが人生で一番速く走った気がした。

殴られてむくんだ顔を痛そうに擦りつつ、笑うぐらいはできるようになった彼に、私はメニューを開いて前に出した。

「ハンバーグ、好きだっただろ」

「それはこどものころだって。もう大人だし」

「大人でもハンバーグ好きだぞ。私がそれだ。この時間だと、胃もたれするけどな」

「おじさん臭いって、園長先生」

仕方ないだろう。君に付き合ってやろうと思えば。

「でもさ、大人って自由なのに、不自由だよね。それ」

「……」

メニューに目を落としながら呟く彼の言葉は、胸に突き刺さるものがあった。

同意できることはいっぱいある。大人は、社会人はツラいものだ。生きるためとはいえ、仕事をするうえでのルールや人間関係の歪さは、眉間にしわが寄る。

私情を挟むなという上司が一番私情を挟み、仕事を早く終えれば他の者の仕事を手伝わされる。サービス残業や休日出勤が恒常化する現代の一部企業は、さながら裏社会と遜色ないのではないだろうか。サラリーマンの気苦労が思いやられる。

しかし、彼が言いたいのはそういったことではないのだろう。

大人になって分かったこと。大人になるまで知らなかったこと。

しがらみの強さにからめ取られ、彼はもがき苦しんでいる。

映画さながらの逃走劇を繰り広げたあの瞬間、彼は腕引く私に何を思っていたのだろう。

そう言って、メニューを反転して返してくるあきらくんはやけに楽しそうな顔をする。

「園長先生は、ハンバーグにする？」

「昔ね、都庁に書類を出しに毎日行っていた。その帰り東京駅の中の店に寄るのが楽しみだった。目の前で両手でこねたひき肉のかたまりをフライパンで焼いてみせるハンバーグの店。ジューという肉の焼ける音とソースのにおいがたまらなかった。目と鼻と口で食べたものだ。ハンバーグにはそうした思い出があるんだよ」

「ふうん。そうした思い出っていいね」

「そうだろう？　食べようか。私が食べなきゃ君も食べられないだろ？」

「はは……言うね。本当は食べたいくせに」

少し痩せたような気もするが、身体にはちゃんと筋肉がついている。

学園を離れても食事を摂れていて、ある程度の生活ができている証拠だ。自立できている、と思えば唐突に大人になったようで、子離れできない親のような郷愁に駆られた。

苦笑すると、待ってましたとばかりに呼び出しボタンを押して、手早く注文するあきらくん。全部乗せデラックスハンバーグとご飯大盛りふたつ……わんぱく坊主のような豪快な注文をする彼の顔は、渦中で見かけた絶望した顔とまったく違っていた。

至誠学園にいたころの、無邪気に同級生と遊んでいたあの時の彼だ。楽しそうで、嬉しそうで。

「今は、どこで暮らしてるんだ？　お父さんか？　それともお母さんか」

結露するお冷のグラスをひと口頂きつつ、私は質問する。

彼の母親は乳飲み子の妹だけを連れて家を出た。幼いあきらくんは田舎にある父方の実家に預けられ、おばあちゃんに大層かわいがられていたそうだ。

再婚した父親は次第に実家に寄りつかなくなり、同居していた父親の兄弟が結婚した。そのころに、おばあちゃんが亡くなったらしい。

そうして居場所がなくなった彼に残されていたのは、父のところだった。

しかし再婚相手と折り合いがつかず、家出を繰り返す毎日。半ば勘当を言い渡されたような形で児童相談所から至誠学園に預けられた当時の彼は、今よりもやさぐれていたと思う。

「お待たせしました。こちら、全部乗せデラックスハンバーグでございます」

同じ文言を二度繰り返して鉄板二枚に、ライス大盛りをふた皿置いていく。

鉄板の上で、デミグラスソースがかけられたハンバーグの肉汁と油がダンスするように飛び跳ね、数切れのポテトと人参の添え物に加えて緑のいんげんは、ホテルのグリルでも、専門店で注文しても、同じぐらいに瑞々しい色どりだ。若いころ、東京へ出ると八重洲の飲食店街で行きつけだった店まで思い出す。正直、重たい。

「もしかして、怖気づいた？」

「いんや、そんなことはないよ？」

「ふっ、そうじゃなくっちゃ園長先生じゃないよ！」

乗せられている感があるが、これも悪くない。

「ごゆっくりどうぞ」と決まり文句で締めるウエイトレス。

その後ろ姿を追うことなく、あきらくんは楽しそうに早速ナイフとフォークを取り出していた。

「いただきます」

そう言うと、嬉しそうに白飯を口に入れ、あきらくんは行儀よく食事をすすめていく。

この年代なら、がっついてもおかしくないボリュームの食事を前にした落ち着いた所作だ。学園で学んだひと通りのことが身についているようで、安心した。

「……今はさ、ひとり暮らししてるよ。お、このハンバーグうまぁ」

「そう、か」

呟くような声で言うあきらくんは、途切れた会話への返答をするだけで、それ以降は黙々とハンバーグにかぶりついていた。

彼はまだ、沼から脱け出せるところにいる。

私も続いて「いただきます」と口にして、ナイフとフォークを取った。


「……よく食べたな、あれ」

ファミレスからの帰り道。

月が雲に隠れた夜空の下、十字路を曲がる私たちを街路灯が照らす。

おかげで膨れた腹は、もう食物を受け付けない。水すら苦しいものだ。対して平然と前を歩くあきらくんは、「食った、食った」とファミレスを出てから大股だ。

「先生も頑張ったけど、やっぱり歳だね。油ものは控えた方がいいよ」

「大きなお世話だよ……」

分かっているが、やめられない。美味しいものは、糖と油にまみれているものだ。

しばらくハンバーグはいいかなと考えていると、前を行くあきらくんの足が止まる。

「……」

「どうした？」

「いや……」

道の先には信号があった。青が点滅し、赤になっていた。

周りを見渡せば、よく見る景色だ。このまま進めば、至誠学園までほぼまっすぐの道のりである。

「こっちなのか、家」

「あー、いや……その」

歯切れ悪く口にする言葉は、やけに明るく振る舞っていた彼の心情を表しているようで。

振り返った彼は、心地のいい笑みを浮かべていた。

「園長先生を学園に送ったら、帰ろうかなって。助けてもらったお返し？　みたいな」

「なんだそれ。私は大丈夫だぞ、いい大人なんだし」

「ほら、親父狩りとかあるじゃん？　園長先生も、顔は厳つくても分からないし」

夜も更けてきた。あきらくんの心配も分かるが、でもそれが本題じゃないだろ。

「何か……相談したいことでもあるのか？」

「相談？　いや、そんなの」

「いいから、言ってみな。ハンバーグ奢ったお返しだよ」

「えーっ！　そういうの卑怯じゃん……」

もっと安いの食べりゃあよかった、と肩を落とすあきらくんは、苦笑いになっていた。

自分でも分かっているのだろう。それでも、言いにくいことはある。

痣のせいで変色してきた頬を擦り、あきらくんはまた笑おうとして、やめた。

「いや、やっぱいいや。先生に相談しても無駄だし」

「無駄なんて誰が決めたんだ？　言ってみなくちゃ分からないだろうに」

「どうかな。先生だって、ひとりだけじゃあ、大人数に勝てないだろ？　フィクションじゃないんだからさ、現実なんてそんなもんだよ」

街路灯に照らされ、影になったあきらくんの表情からは、段々と明るさが落ちていく。

「早く行こ？　親父狩りに遭っても困るじゃん」

そう言って先に行こうとするあきらくんの腕を、私は掴む。

「待てよ、あきらくん。言いたいことはちゃんと言わないと、あとで後悔するぞ」

いつの間にか大きくなった彼の背中は男のものだった。

彼も立派な大人だ。しかし、私にとってみればこどものまま。親からすれば、どれだけ年を取ろうとこどもはこどもであり続ける。

「……なんだよ、それ」

それでも、何も知らない小さなこどものままじゃない。

腕を払って振り返るあきらくんは、焦燥に駆られたように怒声を強めた。

「園長先生は俺のことなんにも知らないだろ？　俺だって大人になって、いろんなことを経験した。いつまでも園にいたこどものままじゃないんだ」

「それでも、私にとってはこどもだよ。大事なこどものひとりだ。こどものためだったら、なんでもしてやる。私にできることなら、なんでもな」

「詭弁でしかないよ、そんなの」

睨みつけるように見上げるあきらくんは、ため息を噛み殺して背中を向ける。

「今日は感謝してる。ハンバーグも。でも、これからはどうにもできないよ。園長先生はこれ以上怪我する前に帰ってよ。あとは俺だけで何とかするから」

「何とかするってどうするんだ」

「知らない。方法なんて思いつかないし」

自嘲するように鼻で笑うあきらくんは、そうしてもう一度だけため息をついた。

「やっぱりここで帰るよ。夜道に気をつけて」

夜空には星が輝いていた。

月が雲に隠れようと、星々の輝きが失われることはない。それぞれで色や明るさの違う恒常的なあの小さな光群は、ただそこにあるだけで自らを燃やし続けている。

現状を伝える術を持たず、ただ生きて燃え続けるしかできないのだ。

だが、人間は違う。感情を持っていて、何かを表現する術を持ち合わしている。悲しければ涙を流し、憤り、楽しければ笑うことができる。

「なあ、あきらくん。待ってくれないか」

一歩踏み出したあきらくんの背に、私は声をかける。

「やってみなくちゃ分からないことってあるだろう。さっき食べた全部乗せハンバーグ。本当は正直、無理だと思っていたけど、あきらくんの手前、頑張って食べたんだ。胃もたれはすごいけど、それでも食べられただろ？　苦しくても、やり切れることがあるんだ」

「飯と一緒にするなよ」

「いや、一緒だよ。原理だけはね」

他人を応援することはできても、ひとりで奮起して何かをやり遂げることは難しい。ハードルが高くなればなるほど、そのゴールテープは遠退いていって、途中で挫折することだってある。

でも、誰かが手伝ってくれるなら、ゴールは近づく。

ひとりでできないことはふたりで。ふたりでできないことは三人で。三矢の教えのようなものだ。一本の矢では簡単に折れても、三本の矢なら容易に折ることはできない。結束すれば無理難題を越えることだってできるかもしれない。

今、あきらくんはひとりだ。相談できる相手も、笑い合える友達もいないのだろう。頼る人のいない彼の状況は、一本の矢よりも脆くなっている。そんな状態で放っておけるものだろうか。否、親として、兄貴分として、絶対にできない。

「言ってみろよ、あきらくん。私にできないっていうなら、それを証明してみろ。でなきゃ、ずっと聞き続けてやる。家まで行ってやる。面倒を見続けてやる」

だから、と足を止めたあきらくんに近寄り、私はその広くなった肩に手を置く。

「先生が何とかしてやるから」

「……」

その言葉は、あきらくんに届いたのだろうか。

あまりにも希薄な反応をする彼は、小さくため息をついて首を振る。それが間違いであるかのように、あきらくんは「無理だって」と小さく呟く。

「先生は自分がスーパーヒーローとでも勘違いしてんじゃないの?」

「スーパーヒーローなら、いいよな。小さなころは憧れたよ。今じゃ顔が厳ついだけのおじさんかもしれんけどな」

ははっ、と笑うと、あきらくんは振り返る。

その瞳は雲から顔を出す月に照らされ、輝いていた。ヒーローを見上げているようではなかったにせよ……それはどこか、希望を見つめるそれのようで。

私を見上げながら鼻で笑ったあきらくんは、かったるそうに肩を揺らした。

「先生にできんの?」

「ああ、できるさ。きっとな」

「じゃあ、俺がグループ抜けたいって言ったら、先生は俺に協力してくれんの? おじさんひとりじゃ勝ち目ないかもしれないのに、できんの?」

強がりのように聞こえる声は、しかし確かな熱を持っていた。

助けを求める声。誰にも気づかれない悲鳴をあげ続けていた彼の本心が、ようやく届いた気がして、私の頬は緩んでいた。気持ち悪く見えたかもしれない。怪訝な表情をするあきらくんは、それでも、瞳に宿した輝きを失わせることはなかった。

良かった。私はその言葉を待っていたんだ。

「ああ、先生が何とかしてやる」

そう言ってあきらくんを、私は抱きしめていた。

「約束だ、男の約束だ。決して破らない」

「……いいから、離してよ。苦しいんだけど」

顔を歪めるあきらくんは、それでも無理矢理に私を引きはがそうとはしなかった。

ようやく見つけた希望は、こうして手が届くところまできた。

小さな光だとしても、彼が掴めさえすればもう一度、太陽の下に行くことができる。

「元に戻ろう、あきらくん」

人生は一度きりでも、生き方は何度だって変えられる。

出征した父は戦地でソ連軍の捕虜になり死ぬ思いで帰国した後、落ち込む学園の再建に苦心していた。

父の亡き後、仕事に対しても、こどもたちに対しても、私が幼少のころから変わらず真心もって尽くす父の姿を手本として思い出しつつ、二十八歳で学園を引き継ぎ、地域貢献として、保護司も引き継いだ。施設のこどもたちに何かあった時を考えた結果だ。観察所から更生保護を委嘱される少年たちもいる。

自分が変われた結果を押しつけるわけじゃない。しかし、誰でも変えようとする一歩さえ踏み出せれば、自分の見える世界を一変させられる。

あきらくんをより一層強く抱きしめると、私は決意した。


あきらくんが住んでいたアパートは私が解約した。

仲間に居場所を割らせないためだ。彼らのネットワークは意外と広い。一度でも完全に根絶しなければ、降りかかる火の粉は払いきれない。

そのため、しばらくは学園の私の部屋に匿うことになった。男のふたり暮らし……むさ苦しさはあるかもしれないが、我慢してもらう他ない。

「仲間から誘いがあったら、必ず私に連絡してくれ。ひとりで会いに行くなよ」

「分かってる」

四六時中、一緒にいられるわけじゃない。私も仕事がある身だ。彼だけを特別扱いできる立場でもないのが悔しくも感じる。

短い会話で済ませるあきらくんの瞳は、不安と決意が入り乱れているように見えた。覚悟を決めたとしても、上手くいくわけじゃない。ハイリスク・ハイリターンの大博打とあまり変わらない作戦だ。協力する私も負うリスクは彼と同等。昨夜、あきらくんが言っていた
親父狩りよりも、もっと酷い目に遭う可能性だってあった。

「でも、見過ごすわけにはいかない」

己の身ひとつで誰かが救われるなら、向かわないわけにはいかない。

一週間後、予想通りの展開になった。

仲間のグループから、「出てこい」と強い口調で電話が入ったという。そう言ったあきらくんは、憔悴しているようだった。彼らとの関係を中途半端に断っている状態は、非常に不安定だ。強がってはいても恐怖と隣り合わせの毎日を送ることになっていたあきらくんの不安は、計り知れないものがある。

「できんの、園長先生。本当に」

「ああ、そう言うあきらくんはこわくないか?」

「誰がこわいって……ただ、先生に今さら逃げ出されても困るから聞いたっていうか……もういいから、行こう! ほら!」

今さら緊張することもない。

後ろから背中を押してくるあきらくんに、私は背筋を伸ばした。

以前は狂乱するおじさんだったが、今度は怖い極道一家だ。幸い、自分で見ても強面で、がっちりした体格をしている私は、サングラスをかけさえすればそれっぽい見た目になる。

クローゼットから派手過ぎて普段は着られないようなハワイ旅行の土産にもらったアロハシャツに袖を通し、髪を整髪料で固める。するとどうだろう、鏡を見れば鋭い目つきの厳つい親父が映り、カタギの人間には見えない。

半月が昇る青紫の夜空の下。

呼び出されたゲーセンが見える駐車場へと入り、様子を伺う。ゲーセンの前には、座り込んで煙草をふかす男たちが五人ほどいる。あきらくんを見ると、肯定するように頷いた。

「なあ、あきらくん。聞いていいか？」

「なんだよ、今さら」

「真っ当になる気はあるか？」

それは、本当に今さらの確認だった。

ここまで先導したのは彼だ。抜けたいと口にしたのは彼だ。この確認は今から決める覚悟にとって蛇足にしかならないだろう。

聞いておかなくてはいけないのは、きっと私が心のどこかで覚悟が決まっていないからなのかもしれない。

「まあ、そりゃあ」

車のドアノブに手をかけると、あきらくんはちらとこちらを見た。

「あるよ。なかったら、先生に頼んでない」

「……そっか」

少しだけ照れたように、しかし覚悟を目の前に据えて。

大きくなったなと思う。これからの人生、面倒なことは何度もある。今回はそのうちにあるひとつの通過点に過ぎない。これを耐え抜き、越えることができなければ、彼の人生はただ下向していくだけだ。

「頑張れよ」

無言で親指を立てるあきらくんの顔は、少しだけ強張っているように見えた。

強がりでも、立ち向かうことに意味がある。失敗しても、それは経験として積み重なり、いつかの自分の糧になる。

それでもできないことがあれば、誰かに頼ればいい。少なくとも学園は、私は生涯をかけて共に在るのだから。

にわかに騒がしくなるゲーセン前。

そこにはあきらくんと、先の五人が対峙している。

手に負えないと判断したら、私が出る。そういう手筈になっていた。

「……誰だよ、あんた」

リーダー格らしき男が口にする。

咥えていた煙草を落として足でもみ消すと、痰を吐き捨てる。

他のチンピラも含め、あきらくんが振り返ると、少しだけ泣きそうな顔が柔らかくなったように見えた。

「おい、あき……」

「お前らがこいつを呼び出したっちゅうもんか？」

リーダー格の男の言葉を遮って、私は凄みを利かせる。

若さや体力で劣る分、彼らにはない経験が私にはある。あきらへと視線を流すと、彼はむすっとした顔で言った。

「俺の世話になってる人だよ」

それだけで十分だった。

身体は大人でも、イキがることもそのものでしかない。精神は未だに幼いままなのだろう。ちゃんとした教養を身につける環境がなかったのかと思うと、悲しくなる。

「こいつにはもう手を出さないでもらえるか？　今後はこちらでけじめをつけさせてもらうからよ」

「……あ、え」

「なあ、分かってくれよ。な？」

困惑するリーダー格の男から流し見るように、他の四人に視線を配る。

怯え竦む姿を表に出すことはなくとも、負けたと思った瞬間から瞳はくすんでいくものだ。まさに彼らはそれだった。言葉は発さずとも、下手に出るように笑みを浮かべた私の言葉がどれだけの圧を含んでいたかも知りはしないが。

「は、はい……」

声を揃えるように、彼らはそれだけ返事をすると、あきらくんを一瞥してその場を去っていった。騒がしかった周囲も、話し合いが終われば散開する。

最後には、行き交う車の排気音と雑踏、ついでにゲーセンの賑々しい音だけが世界を満たすようになっていた。

物言わず、ただあきらくんを連れて愛車の黒のクラウンに乗り込む。黒に塗られた車体は、それだけ見れば、そういう者に見られてしまうかもしれない。

エンジンをかけると、あきらくんは忘れていたように大きく息を吐いた。

「先生ってさ……元ヤクザ?」

「そんなわけないだろ。任侠映画を見たぐらいだ」

任侠という言葉自体の意味を取れば、私は任侠者なのかもしれない。

強きを挫き、弱きを助ける。

こどもを守るためならどんな汚名でも被ろう。それが彼らの未来になるのであれば、私の人生は幸せに満ちている。

「でも、カッコよかったよ、園長先生。ただのおじさんじゃないね。声も大きかったし、面白かった」

「面白いは余計だ。でも、そうだよ。私は至誠学園の園長先生だからな」

警察と共に保護司もしている側面上、ああいうのには慣れている。

胸を張ると、あきらくんは笑った。私もつられて笑ってしまった。

夜道を走る車内で、ド派手なアロハシャツの厳つい親父と、それに連れられるあきらくんの図は、どう足掻いても裏社会の人間っぽい。

これが知り合いに見られていないことを祈りつつ、私たちは帰路につく。

「ありがとう、園長先生」

笑顔のまま、口にするあきらくんの顔からは不安が取り払われていた。

「スッキリした。これで、僕も元に戻れるかな」

「戻れるさ、いつでもな」

やり直すチャンスは何度だってある。

人生は長い。平均寿命が延びている現代、まだ若い彼に残された時間は私よりも断然多いのだ。今から不安に惑わされることはない。

「私が背中を押してやる。今度はトンズラするなよ」

「あはは……ありがと、園長先生」

困ったように笑いつつ、あきらくんは力強く頷いた。

なぜだかふと、幼い時に出会った少年保護施設のころの、至誠学舎の少年たちを思い出していた。ぼっちゃん、ぼっちゃんとやさしかった、観察所から来た少年たちのこと。

彼らもあきらくんと同じように、晴れやかな笑みを浮かべていた。


あれ以来、あのグループの仲間から連絡は来ていないらしい。

きっぱりと縁を切ったということだろう。当事者同士で解決しないなら、第三者の介入が必要になる。それがこどもの諍いでも、大人が仲裁に入らなければならない現場も少なくない。

総称して裏社会……悪い連中との付き合いは、契約と同じだ。筋を通せば、破棄することだってできる。

それは、指を詰める、金を出す、といったようなヤクザものの映画で見るような通し方ではない。こどもの諍いにそんなものは必要なく、はっきりと自分の気持ちを押し通す勇気を持てれば、こと足りるのである。

それでもダメなら、仕方ない。大人の出番となるだろう。

私は五十年間、父の後を受けて少年院を退所した人や執行猶予中の人などの更生を支援する保護司をやってきたから慣れている。その結果として、法務大臣から表彰状をもらったこともあるが、過ぎたことでしかない。

とはいえ、懸念は残っている。

悪い組織から一時的に抜けられても、また利用される可能性があるのだ。

それを防ぐには、住まいも仕事も、すべてを替えて一からやり直すことが肝心だ。人間関係をリセットし、その過去に関わる人がいない環境でリスタートすることで、ようやく新しい自分を……元のまっさらな自分を取り戻していくことができる。

あきらくんは、小さな工務店に住み込みで働くことになった。

学園の支援者たちが常に連絡を取り合い、彼をひとりにさせない、何かにつけて言葉をかけてあげる徹底的なサポートの甲斐あって、初めて、あきらくんは心を許せる仲間のなかで暮らしていけるようになったという。

「先生、マジでヤクザでさ……いや、あれはカタギじゃないわって思った。俺でも一瞬ビビったし」

そうして腹を抱えて笑うあきらくんは、スッキリした顔をしていた。

時々、学園に顔を出してはあの日のことを吹聴するあきらくんのせいで、職員の間で私のヤクザまがいの扮装は語り草となっている。

やめてほしいが、それでも楽しそうなあきらくんに、やめてと言う気も失せてしまう。

彼が更生できてよかった。

今は他県で私が保証人となってアパートを借り、仕事をしている。今後、彼がどういう人生を歩むのかはわからないが、もうあんな奴らと関わることはないだろう。

なかには更生しきれず、警察に捕まる子もいる。裁判になって実刑を食らった子も。そうした子たちの身元引受人は私だ。私は、学園の子たちの親代わりとなっている。

親がいつまでも子の親であり続けるように、私もそうした存在でありたいと常に考えている。以前に保護観察で担当していた少年を組の親分のところへもらいさげに行ったことがある。この先生がいるならまっとうな人間になれと言われ引き取ったことがある。それで仁義の世界を知った。

いかなる時もこどもたちを見守り続けていく

まだ戦後の混乱の時代、至誠学園には、乳児や戦災孤児が東京都の児童相談所の職員に連れられてきた。地元の私が通っている小学校に三十人近くが入学したが、学年はみんなばらばらだった。

施設の子として特別な目で見られることは当然で、教師もそうだった。

何かあれば学舎の子という表現をされたし、時折、こども同士の諍いがある。ケンカになると悪いのは学園の子だと決めつけられ、「あんちゃん、あいつが僕のことをいじめた」「私のエンピツをとった」「靴を隠された」と学園の子が助けを求めてくる。

昼休みの運動場で、学園のこどもたちだけでドッチボールなどをして遊んでいるのを見ると特別に思われるのもしょうがないかもしれない。小学校では、私はすでに学園の子たちの「あんちゃん」だった。

家庭へ配るプリントは、六年生は全員もらって良いのに、三十人を一家庭と考え、学園児童の代表に一枚しか渡されなかった。雨の日に傘を持って学園の職員がいけば、「学舎の子は傘が届いているから玄関に取りにくるように」と校内放送が流れる。職員は各教室に持っていこうと教師に了解を求め、学園の子だということをかくしている子もいるのに、聞き入れられない。

私は職員室へ幾度も話しに行った。施設のこどもたちを差別しないでくれと。教員組合と校長先生との関係で都合の悪いことを押しつけないでほしいとも。

だが、話は聞き入れられない。

でも、PTA会費は学園児は一世帯分にしてもらっていたので仕方がないのかもしれない。まるで異邦人として相手にされているような感覚は、あまりにも切なかった。

学園のこどもたちは、他の家庭の子たちと変わるところがない。親と問題があったり、親が亡くなっていたり。ひとりになるしかなかった子たちの居場所というだけで、差別を受けるのはおかしいだろう。

そうした実績込みで、小学校六年生の親となった時、私は児童会の会長に選ばれた。

問題を起こす子など、どこにでもいる。規範を破るのは誰にでもある。

それを、施設の子だからと誇大化する現代は、見た目や印象にしか目を配っていない。内面をじっくりと見てやれば、とても感情豊かでやさしい子たちばかりだというのに。

私は、一人ひとりを特別扱いはしない。

彼ら彼女らはそのままでいい。胸を張って、自分らしく生きてくれればいい。

そのためにも、未来をこどもたちに託す我々は、こどもたちの行く先を守り続けていか

なくてはならない。

願いではなく、義務として。

少しでもこどもたちが生きやすく、未来に希望を抱ける世の中にするために。

私は今も走り続ける。

ボーイスカウト活動の出発……自尊心の高揚

多摩市に障害児童の施設ができた。山の中腹を切り開いた土地で、いろいろと整備が必要なようだ。新聞では、秋田から看護師さんがボランティアで手助けに来たなどと報道されていた。

こどもたちのなかからも「僕たちもできることを手伝おう」との意見が出された。

早速、代表のこどもと慶応大学の学生（お兄さん）も一緒にその施設を訪ねた。すると、庭に山から木を移植したい、土留めやオシメをたたんでほしいなどの要望が出された。そこで、毎月一回十人くらい（バンに乗れる人数）でボランティアに通った。四カ月ぐらい過ぎたころ、ある新聞にこのこどもたちのボランティア活動が紹介された。

こどもたちの立場で考えると、施設にいるからやらされていると思わないか、社会の人はどう思うか、と私は複雑な気持ちになっていた。

その時、こどもたちと職員でこのボランティア活動について話し合った。こどもたちは、「僕たちが自主的に言い出して始めたのだから心配しないで良い」との意見だった。しかし、私はやはり複雑な思いは消えなかった。

折しもオリンピックが東京で開催され、各国に国旗の掲揚をするボーイスカウトの姿を見て、中学生たちから「ボーイスカウトもやろうよ」との声があがった。奉仕活動をすることで自尊心の意識が芽生えてくる。そこで、ボーイスカウト日本連盟に相談すると全国の養護施設でも五十施設が取り入れているという。支援するので是非ともボーイスカウトを立ちあげてくださいと話はすすんだ。このような経緯で、ボーイスカウト活動が始まった。

CHAPTER 5

ボランティアの協力参加で学園の文化を作った

ライチウス会からの招待でみんなで都心へおでかけ

昭和二十七年のこどもの日に、慶應義塾大学ライチウス会が『こどもの日の集い』を催し、学園も招待を受けた。当時有楽町の駅前にあった大きなホールで、慶應義塾大学の学生さんたちがこども向けの催しを計画しており、学園のこどもたちを招いてくださるというものだった。内容は児童劇や手品などがあり、お菓子やおもちゃのお土産ももらえるという、有難い企画だった。

そのころ学園のあった立川市錦町《にしきちょう》付近は、まだ畑がたくさんあり、こどもたちをのびのびと育てるには格好の立地といえた。しかし反面、都心から離れており、文化的な刺激に乏しいことが都会で生活していた利成元学園長と田鶴子先生にとっては気にかかっているところだった。そこに届いた一通の招待状であった。

この機会に是非連れていってあげたい、こどもたちに日ごろとは違う体験をさせたい、とふたりは強く思うが、初めての都内外出であり、身支度から旅費などの資金ねん出には苦労した。当時の措置費のうち、こどもの生活費はひとり一日六五・五四円。ピアノ購入用に蓄えてあった貯金を下ろし、田鶴子先生は数名の職員と問屋街に出かけていき、安い布地をたくさん買ってきた。そして得意の立体裁断の腕前とデザインセンスを生かして、職員を指導しながらこどもたちの洋服を次々に仕立てた。こどもたちは思いがけないプレゼントに大喜び、大はしゃぎだった。

衣服が持つ社会的、心理的意味は大きいものだ。社会全体が貧しかった時代とはいえ、電車に乗って東京に行くのに見栄えのしない身なりでは、こどもたちの自尊心も損なわれ、気持ちの高揚もさほど望めなかったことだろう。当時、新しい服で出かける嬉しさは、今日の豊かな時代のこどもには想像できないほど大きいものだった。

当日、こどもと大人合わせて総勢七十余名。至誠学園のこどもたちは見違えるほどかわいらしく装い、得意げな表情で学園を出発した。わくわくしながら立川駅から電車に乗り、一時間以上かけて有楽町まで行った。そして、都内から集まった他の施設のこどもたちと一緒に、本当に楽しい、思い出深い一日を過ごしたのだった。

このことが契機となって、こどもたちが有楽町で楽しい一日を過ごしてから数カ月経ったある日、ライチウス会の学生さんがふたり、至誠学園を訪ね、手伝いの申し出をした。思いがけない申し出に感謝しつつ、早速ボランティア奉仕をお願いすることになった。

まだ、ボランティアという言葉も、その意味するところも一般には知られていなかった時代。それから今日まで労働奉仕や学習指導など、ずっと変わらずに支援し続けてくださっている。学生さんたちは勉強を見るだけでなく、こどもの話を聞き、自分たちの夢を語り、

ライチウス会のワークキャンプ。

こどもたちの遊び場を工学部の学生さんの設計で作った。ライチウス会の男性陣による土木作業の様子。

社会の出来事を話すなど、いろいろな形でこどもたちの世界を広げてくれている。社会人になってからも、ライチウス会員OBとして後援会員や法人運営に支援をいただいている。

時には、奉仕活動に立川基地の米軍の兵士たちが来てくれる。この活動は米軍基地の六一〇〇部隊の若い兵隊たちとの共同作業でもあった。建物の修理、畑づくりの土木作業は敗者と勝者の交わりを目標とする、孤児たちの救済を主に意味していた。

二月のある土曜の夜、立川パレスホテルのレストランで、この春、高校を卒業する四人のこどもたちと一緒にフランス料理のフルコースを堪能していた。

学園のこどもたちを何かにつけて支援してくれるA氏が、テーブルマナーの学びも兼ねて招待してくれたのである。

おそらく、小さなころから学園で暮らしてきた彼らにとって、初めての経験だろう。テーブルマナーの学びも兼ねた今回のような機会はそうそうない。前菜から始まって、スープ、メインディッシュ、デザートまで。慣れないナイフとフォークを使って、畏まったように食事をする光景は微笑ましいものだ。

「おいしいね」

「は、はい……こんなの、初めて食べたよ！」

僕も、私もと続く彼らは、初めての場所でぎこちないがその顔は喜色に満ちている。

A氏は少年時代、ボーイスカウトをしていた。団長をしていた私は彼と意気投合し、そんな関係から便宜を図ってもらっているのだ。

高校の制服姿で支配人に案内される四人の緊張した顔を思い出すと、ふっと笑いが込みあげる。

「先生、どうしたんすか。なんで笑って？」

「いや、さっきまで緊張してたのに、食べた瞬間にいつも通りに戻るのが面白いなって」

「先生趣味悪いよー、それ」

頬にソースをつけたひとりに返答すると、その隣でナイフの使い方に慣れてきた子が天井を仰ぎ見た。ナイフやフォークが何本も並んでいる食事など初めての経験なのだから、彼の言うことは間違っていない。

でも、親から見ればこどもが成長していく姿は微笑ましいものなのだ。

彼らは家庭に恵まれなかった。

だからといって、普通の家庭で経験できることができないのは不平等だろう。こうして同じ経験をさせてあげられるのも、A氏のような人物がいるおかげだ。

「じっくり味わって食べるんだよ」

「はいっ」

みんなが揃って返事をして、また目の前の料理に集中する。やはり微笑ましい。

学園にいられるのは児童福祉法上、十八歳未満まで。あとは特別に児童相談所が認めた場合だ。

何度となく書き連ねるのは、やはりその点が厳しいからだ。

少し前までは中学を卒業したら就職して施設を出るのが一般的だった。そして高校へ進学することも特別だった。だが、学園では早くから奨学資金を作って、努力すれば高校や専門学校に進学できるようにしている。とはいえ、高校に入学するまではよくとも、卒業した時点で十八歳以上となり法的には措置解除となってしまう。

これは国の制度上、それ以上の生活費、教育費としての措置費が計上されなくなることを意味する。彼らを養うだけの資金が途絶えれば、私的な財産を注ぎ込み、寄付を求めたりしても運営は難しい。それが年を追って増えていけば、破綻すらありえる。

だからこそ、就職しようが進学しようが、たとえ進路が決まっていなくとも、十八歳の区切りで施設から出ていかなくてはいけない。出ていかせなくてはいけない。

しかし、大学、あるいは専門学校にすすむ場合には、もちろんお金が必要だ。入学金や学費だけでない、今後はひとりで暮らすためのアパート代や生活費だって必要になる。

進学するために様々なタイプの奨学金を申し込んだり、部屋を借りるのであれば保証人に私はなる。まとまったお金を貸すこともする。私も妻も、それぞれ何人ものこどもの親代わりを務めてきた。今でもそうだ。

実親がいる子はそれまでに家族と暮らすための話し合いを児童相談所の福祉司が重ねるだろう。

帰る場所のない子や親との生活を望まない子もたくさんいて、それが一番望ましいと一概には言えない。

だから、亡くなった前学園長（父）は学園生に話していた。

「門はいつでも開いている。いつでも帰ってきていい。学園はみんなの実家なのだから」

学園の子たちには将来に希望を持ってほしい。

その際、A氏のように支援してくれる存在はとても重要だ。私たちだけでは難しい問題も、力を合わせれば解決することができる。

十八歳以上の大学生になった卒園生たちが、自立した生活のできる場を作ってあげたいという悲願の成就が、支援者の方々のためにも私たちの努力しなければならないところという考えであり、今後の大きな課題である。


「先生、遅くなってごめんなさい〜」

恐る恐る会議室に顔を出したのは、ゆかりだった。

二年前、高校を卒業した子だ。

部屋代や生活費の足しにまとまった金額を渡すという名目で、毎月学園に報告の折、顔を出すことを約束しているのである。奨学金と称した私のポケットマネーだ。

もちろん、受け取りにきちんとサインしてもらっていて、将来、少しずつ返金する約束である。

「学校での授業は順調にすすんでいるの？」

「そりゃあまあ、普通ですよ」

「卒業も予定に入ってるってことでいいのかな」

「大丈夫です。そこらへんは、しっかりやってるので！　というか、心配しすぎ」

うるさいと思われてもつい、しつこく問い詰めてしまう私に、ゆかりは苦笑いを浮かべた。

彼女は二歳のころに両親が離婚していた。

酒やギャンブルに溺れる父親に引き取られるが、祖父母や親戚の家を転々としていたという。見かねた親族からの相談で、ゆかりは児童相談所から至誠学園にやってくることになった。

親子関係の修復を何度か図ったが、父親の素行は改善されず、またゆかり自身も父親と一緒に暮らすことに前向きではなかった。彼女も彼女で、「母が出ていった理由分かるよー」と笑って話してくれはしたが、胸の内は苦しいのかもしれない。

「今はスポーツか何かやってるのか?」

「んー、勉強とかアルバイトが忙しいからできてないな。でも、やりたいなって思うよ。楽しいし」

出してあげたお茶を「あちっ」と言って啜りながら、ゆかりは言う。

「先生も運動する?　楽しいよー。でも、もう歳だもんねー。無理しちゃ駄目だよ!」

「老人扱いするな……」

あはは、と笑うゆかりはここにいたころとまったく変わらない。

明るくて活発、運動神経も良く、学校では人気者だった。

そんな彼女を高校のころから支援してくれるA氏は、学園から離れても自信を持って生きていけるようにと、時間をかけて彼女の相談に乗ってくれていたというが。

「Aさんには顔出してるのか」

「うん、時々ね。お世話になってるし、感謝してもしきれないもん」

笑みが絶えない彼女はその分、ふわふわしているように見えるが、実際は真面目だ。A氏はそんなゆかりに新しい世界への切符を手渡してくれた。

海外への渡航……ドイツへのひとり旅である。

心配はあったものの、彼女はやる気で、今までになく行きたがっていた。今どき、海外旅行は珍しくないが、それが年頃の女の子ひとりでとなると、勇気が必要なものだ。送り出す側の覚悟も必要になる。

とはいえ、ドイツでは学園の卒園者が和食屋を経営していた。彼女はそこでアルバイトとして働きながら、言葉の分からない外国の地で、世界を見つめ直してきたという。

親の離婚や親戚をたらい回しにされるこどもたちは、次第に心を塞ぎ込んでしまう。彼女もそのひとりではあった。けれども、彼女は回復したのだ。

知らない世界、自分が動くことで変わる環境、思い通りにはいかなくとも、自由に思考できる場が、ゆかりに変化をもたらしたのだろう。

学園の裏に流れる根川。
夏になるとこどもたちが水遊びをする。

至誠学園の敷地にはたくさんの木々が生え茂り、その幹にはいくつもの巣箱が取り付けられている。川のせせらぎと共に、風に動かされ擦れ合う緑の音や、小鳥たちの鳴き声が絶え間なく響きわたっている。

荒治療に思えても、A氏のプレゼントは彼女にとって最良のものとなった。

そんなA氏は、ゆかりの大学進学の相談にも乗ってくれていた。

高校でバスケット部のメンバーとして活躍していた流れで、女子体育大学を受験。見事合格した時はみんなで揃って喜んだものだが、いざ大学生活をスタートさせると、全国から集まるプロを目指す学生たちに圧倒され……その後、バスケットから遠のいていた。

才能や圧倒的な力を前にすると、誰しも怯んでしまう。あたりまえだ。だが、それに立ち向かうか、逃げるかの選択は自由だ。傍観者の多くは前者を取れと言うだろう。どうして逃げの一択を取ってはいけないのか。選択は自由でも、世間体が許さない……彼らの発言に含まれているのは、他人の目ばかりだ。自身の意見など含まれていない。

でも、ゆかりは見つけた。彼らに抑圧されることなく、後者を選び取ったことで、新たな道を見つけ出した。

「だって、楽しく身体を動かすのは好きだけど、学ぶのとは違うし、なんというか、中途半端だったのかもとは思う」

「……そう、なのか?」

「そうだよー、うん。ま、……ちょっと尻込みしちゃったところがあるからね、悔しくはあるんだけど。大学って、すごいところだったよ」

えへへ、と照れたように笑うゆかりは、視線を下げる。

本来あったはずの家庭環境の違いは、日常的な会話や仕草、考え方から変化を及ぼすことがある。

違う環境に放り込まれた時、人間は少なからずストレスを受けるものだ。普通の家庭に育った子にも圧はかかるわけだが、普通の環境さえ得られなかったゆかりのようなこどもたちは、どれだけの重圧を感じることか。

照れ笑いから苦笑に変わるゆかりは、両手を合わせる。

「それにね、四年間がもったいなかったんだ」

「だからってな、ゆかりちゃん……」

「今が楽しいなら、それでいいと思うの。違うかな、先生？」

彼女の言うことは間違ってないだろう。

自分のやりたいことをする。一度きりである人生、自分の思う通りになんでもやれた方が楽しいに決まっている。誰かのレールに敷かれた人生なんて、つまらないにもほどがある。

大学が彼女に与えた影響はあっただろう。けれども、彼女にはそれが要らないものとして映った。それよりももっと輝くもの……彼女が見つけたのは、新たな興味だったのかもしれない。

「今はね、やっとちょっとだけ偉くなったんだよ?」

冷めてきたお茶が底をつくころ、ゆかりは湯のみを両手で抱えながら言った。

「アパレル系のバイトでね。やっぱりファッションって楽しいよ。先生もコーディネートしてあげるから、店に来なよー」

「その店、男もの売ってるのか?」

「今は男女関係なく服を着る時代だよ? 男がスカート履いてたって恥ずかしくないんだから」

「いや……私が恥ずかしいからね、それ」

似合うと思うんだけどなー、とニヤニヤするゆかりは、大人びたような気がした。

大学を中退し、自分のやりたいことを見つけた彼女は、運動ではなくファッションの世界に魅せられていた。専門学校で学んでいる知識が、今は生かされている。

そうした行動をし、将来設計ができるのも、誰かの援助があるからだ。

世の中お金だとは言わないが、なければ学ぶ機会が減るのもこの時代特有だろう。

「先生ありがと。ホントに今度、コーディネートしてあげるから、期待しててて」

「おい、これ。忘れてるぞ」

ウインクする彼女は席を立ち、踵を返そうとしたところで私は声をかけた。ズボンのうしろポケットの封筒を取り出し、ゆかりに渡す。

「これ、受け取りに来たんだろうに」

「そうでした、そうでしたっ、生活できなくなるところだったよ」

「そんなにひっ迫してるのか……?」

「え?　冗談だってば、もうっ」

笑いながら肩を叩くゆかりは、急に真面目な顔になると、頭を下げる。

「ありがとうございます、先生。私は、先生たちのおかげで今も楽しいよ」

最後に歯を見せると、会議室を出ていくゆかり。

彼女が前を向いていられるのはこの施設があるだけじゃない。A氏たちのような援助、加えて他のサポートが支えになっているおかげである。

現代社会において、お金は切っても切れないものとして確立している。卒園していく子たちのケアを含め、支えていくためのお金が膨大な金額になるのは見ずともわかる。

私たちは彼女たちの背中を押すだけにせよ、しかしそれは一生を伴って見守っていくことに他ならない。大学への進学を援助したら終わり、ではないのだ。

彼女たちの人生は、その後も続いている。

私たちは施設の職員かもしれないが、彼女たちとは親子のような関係である。高校卒業と同時に他人になる親がいるだろうか。大学を卒業して、社会に出て、ただひとりで生きていくことを強要する親がいるだろうか。いないだろう。いたとしても、それはたったひと握りの親だけだ。

私たちは、求められれば彼女たちを支援していく。

普通ではないから不遇である、という考えにさせたくないのだ。そのために、A氏たちのような援助は必要不可欠であると、もう一度、声を大にして言いたい。

夢に向かって走り出せたのは、ゆかり自身の力だろう。

しかし、その力を湧かせ、行動に移させるまでの気力を回復させるきっかけを作ったのは他でもない、A氏を始めとする支援者たちの、この子たちの将来への思いなのだ。

学園を出てから自立するための奨学金制度を立ちあげる

挫折から一転、自尊心を取り戻した子がいる。

壮馬が児相の福祉司に連れられて学園にやってきたのは中学生になってからだった。幼い時から学園の生活に慣れ親しみ、仲間としてつながるこどもたちのなかに新しい仲間として入ってきた当時は、なかなか馴染むのに苦労していた。

それでも彼なりに努力し、環境の変化を受け入れ、真面目に勉強をしていた。

「僕でも弁護士になれるかな」

ある時、口数が少なくとも、壮馬ははっきりと自分の夢について語った。

「どうして弁護士になりたいの？」

少しだけ迷うような素振りを見せながら、彼は続ける。

「テレビのドラマで被害者の代わりに弁護士が親身になって守っている姿を見て、僕も他人のために働きたいって思ったんだ。それに、収入もいい」

「最後のが本命ってわけじゃないよね？」

「お金があるだけ、できることも増えるから。選択肢のひとつだよ」


決して欲だけでないことを裏づけるように力強く語ってみせる壮馬に、私は感銘を受けて家内と共にお金を出し合うことになった。

ボランティアで学園に来ている大学生に頼み込み、受験勉強を教えてもらったこともある。そうした本人の頑張りの甲斐あって私立大学の法学部に入学した。しかし学費のために アルバイトと学業を両立しなければならず、五年間をかけたが残念ながら卒業できなかった。

十八歳を過ぎれば、施設を出なくてはいけない。

彼を縛りつけたのは、生活費だ。生活を目の前にして、アルバイトが必要になる。家賃を滞納してしまうこともあって、そのたびに部屋代は貸し与えた。

学ぶ意欲だけは失ってほしくない。法律を学ぶのは大変な努力を要する。彼にとって、ここが試練の時になることは明白だった。

退学したのはそれからすぐのことだった。

連絡も途絶え、バイトを重ね、職を転々とする壮馬の事情を知ったのもその時だ。生活が荒れ、警察のお世話になったことで発覚したのである。

真面目な子だったのに……そんな思いが頭をよぎるが、彼も苦しんでいたのだろう。彼の性格を決めつけ、今を否定することはできない。

「連絡しないで……ごめんなさい」

素直に謝る彼と会ったのは、また何年も経ってからだった。

学園にいたころから壮馬をサポートしてくれていたB氏が辛抱強く叱咤激励し続けてくれたおかげで、学園から遠ざかっていた足を向けさせるきっかけができたのだ。

「弁護士なんて、自分には大それた夢だったよ」

そんなことはない、とは一概には言えない。

大きな夢を抱くことは誰にも許されている。叶えるまでの努力をするかは、その当人次第ということだ。

壮馬は、きっと夢に押し潰されてしまったひとりだ。自分で抱えきれる許容を超え、ひとりでは支えきれなくなってしまっただけなのだ。

彼の夢は決して間違っていなかった。ただ、かち合わなかったというだけ。落ち度なんて決してない。

「ひとりで暮らすことも大変で、社会人ってすごいなって思った」

「大学生のひとり暮らしは大変なものがある。壮馬はよく頑張ったよ」

背中を擦って労うと、壮馬は泣いていた。

その後、B氏の力添えで壮馬は中規模の企業に就職することができた。

もともと優秀だったのだ。心身を一新して本来の力を発揮できれば、そう難しいこともなかった。

困難に立ち向かうには、ひとりでは無謀なこともある。そんな時は誰かの助けが必要だが、しかし援助を自分から求められる子もそう多くない。

彼は資格を取り、今は太陽光発電の仕事に就いている。弁護士にはなれなかったが、自分のやるべき道というものを見つけたのだろう。

だいぶ遠回りしたが、それでも自尊心を失うことなく頑張ってきた。

いつも見守り、手を貸してくれる人たちが支えてくれた結果なのだろうと思う。

しかし、未来のために応援してくれる支援者の期待に添えていないことに申し訳ないという思いが強くて関係が途絶えてしまうこともある。

だから私たちが支援者の方々の期待にも応えられるように寄り添っていくことも大切である。

学園はこどもたちの実家でありたい

「私に入れる学校なんてあるの?」

ともこは今どきの女の子だ。

二歳の時から学園で過ごしてきた彼女は、高校卒業を前にしてまだ迷っている。

彼女には身寄りがない。だから特に時間をかけて卒業後について、自立しなければいけないことについてを話し合ってきたが、彼女は首を振るばかりだった。

「特に勉強したいわけじゃないし、好きでもないんだよね。でも今すぐ働きたくもない」

「でも、高校卒業と同時に十八歳になって児童福祉法の保障がなくなると学園は出なくちゃいけないんだぞ」

「分かってるよ。でも、何したらいいか……分かんないもん」

「じゃあ、資格が取れる専門学校を探そう。好きなことがいいか。ともこは何が好きなんだ?」

「うーんとね、化粧かな?」

ファンデーションで肌を明るくして、少し刺激のある赤のリップ。流行りの化粧であることには違いないのだろうが、それでもとても似合っているように見える。

最近の子は、美容に対する興味や関心が強い。ともこは化粧以外にもエステやネイリストなどへの関心を示した。

担当した職員とも話し合い、学校を巡り、そうした面を考慮していくつかの専門学校のパンフレットを差し出すと、彼女は各種美容系の資格が取れるという謳い文句に惹かれ、都内にある美容関連の専門学校に通うことになった。

ひとりで考えていると、堂々巡りになりがちだ。しかし、他人を踏まえて……自分たちよりも経験を積み、人生を送ってきた大人たちと考えた方が、いいアイデアが見つかるものである。学費は奨学金を利用し、私たちが保証人になって学校近くにアパートを見つけた。

「先生、学校辞めちゃった」

一年後、軽い調子で事後報告に来るともこは、にへへと困ったように笑いつつ、真面目な顔になって訳を話してくれる。

「バイトはひとつだけにしてね、できるだけ生活費を切り詰めて学校の授業は休まず通ったよ。自分の人生で一番頑張った気がする」

彼女は、それでも、と口にして一度息をはいた。

「それでも、思ったんだ。学費やアパート代は貸してもらっているけど、結局は返さないといけないから、二年間も専門学校に通う必要はないいんじゃないかなって」

「どういうことだ?」

「私ね、一年の間に取得できる資格は全部取っちゃったんだ。だから、二年目を過ごす必要はないかなって、学校の先生にも伝えたら、納得してくれて」

一年通ったその後、円満という形で送り出されたということか。

しかし、借り受けた奨学金の返済は待っている。働き出したとしても、わずかな初任給から容赦なく天引きされていくそれは、家賃も光熱費も、食費でさえ考慮しない。

学園に守られ、なんの不安もなく過ごしてきた子が、十八歳になった途端、大人と同じ責任を負わなくてはいけないのは酷なことだろう。

「今はね、立川のお店にいるんだ。美容師として働いてるから、いつか来てみてよ。かっこいい髪型にしてあげる。あ、先生だけじゃなくて、みんなやってあげるよ」

そう言って、同席する女性職員にも、ともこは目を向ける。

「ああ、期待してるよ」

おふざけ半分に上目遣いになるともこは、笑顔を返してくれた。

その笑顔を見ると、学校の休みには学園に来て、技術向上のため、と言いつつ、こどもたちの髪を切ってくれていたのを思い出す。それでも努力した結果、夢は叶ったということか。

立川に来たのは、家賃が安いからだそうだ。学園は彼女にとって実家のようなもの……やはり親元を離れると、ホームシックになってしまうのだろうか。

「また、遊びに来てもいいかな?」

「いいよ、いつでも来ればいい。ここはともこの家だろう?」

「……うんっ」

嬉しそうに頷くともこは、今でも学園に遊びに来る。

彼女のアパートには、仲良しだった子たちがよく遊びに来ているという。

今では、長くいた美容室から独立し、自分の店を開いたとも報告してくれた。嬉しいことだ。

ともこだけじゃなく、卒園生のなかには同じことを思う子もたくさんいる。彼ら彼女らは総じて誘い合って学園に遊びに来る。

実家に帰るような気分で……そんな彼らを迎え入れられるように、ふらっと寄れる学園でずっと在りたいものだ。

社会はこども自身よりも施設にいることを気にする

書面には、「お祈り申し上げ……」とよく聞く文面があった。

「くそ……っ」

「修司！」

「やめてくれよ！」

一緒に見ていた私は、自分の部屋に戻ろうとする修司を止めようとするが、腕を振り払われてしまう。何か言おうとする口はわなわなと震え、食いしばる歯と共に、修司は部屋を出ていった。

それは、高校三年の秋のことだった。

高校の担任からの推薦があり、希望していた大手企業の就職試験からの不合格通知が届いたのだ。学校の成績は優秀、本人も自負していたし、私たちも受かると信じて疑わなかった。

それでも、機運が向かない時はある。

施設出身だからといって、就職に不利が発生することはない。成績と出身は離して考えるべきものだ。才能よりも身辺を優位にして見るのは、企業の底が見えるふるまいである。

実際、面接を受けた企業の採用担当者が来園し、「施設出身者を採用するのは初めてなので様子を見に……なるほど、先生のような方と、こんないいところで生活していたのなら」などと良い方向に話は傾きつつあったのだ。

しかし、高卒で施設出身者だからと経営者側が判断したのだと思わざるを得ない。悔しいではないか。高卒か大卒か、そのふたつを天秤にかけるとしたら、やはり大卒が採られる可能性が高いのはあり得る。高卒で施設出身者であると判断されて採用を見送られたというなら、悔しいの一言に尽きるものだ。

だが、だとすれば、これは機会を得たとも言えた。企業からの後押しも。

いうなれば、成績優秀な彼のことだから大学も狙えるはずだ、と。

私は彼の部屋の前に立ち、ドアをノックしていた。

「なあ、修司。大学に行ってみる気はないか」

「……大学？」

「悔しいじゃないか。一浪してもいい、公立大学への受験を考えてみないか」

落ち込んで部屋に閉じこもる彼に、私たちは大学受験を提案した。

昭和三十年初頭、養護施設の子が大学に進学するなど考えられていなかった。たまたま今回の企業は不合格だったが、他社の入社試験は合格するかもしれない。彼ならどこでもいけるだろう、と謎の自信が私にはあった。

だからといって無理強いはできない。自信を無くした彼にとって、入社試験はトラウマのように映ってしまう可能性がある。それならこのまま社会に送り出すよりは、大学で学び直して彼が持つポテンシャルを伸ばしてあげられたら……そうした思いで、修司を完全にバックアップしてやろうと思い立った。

「僕が、行っていいの？」

扉越しに聞こえる声は、不安げだった。

「僕、お金ないよ」

「大丈夫だ。お金なら私たちがなんとかする。だから、勉強する気はないか?」

私は考えた。高卒での就職が落とされたのは、本人にとってピンチではない。これをチャンスにして大学生活四年間で自分の夢に向かったら良いのではないかと。

「……」

悩んでいたのは数秒だった。

彼は扉を開け、もう一度、「僕が行っていいの?」と繰り返す。

頷くと、修司は目尻に雫を浮かべた。

「行く。僕行くよ……大学で学んで就職する」

だからお願いします、と頭を下げる修司に、私は何も言うことはなかった。ただ、彼のバックアップに徹する。彼が私たちの思いに応えてくれる限りは、応援し続ける。

彼のために六畳の部屋を園舎とは別に用意した。

修司は私たちに応えるよう頑張った。そのころボランティアとして慶応義塾大学の学生さんたちが学習支援に来てくれていたこともあり、必死になって数カ月の間、予備校に通って猛勉強をすると、見事に公立大学に合格したのだ。

「あ、生活費は自分で頑張る」

「でも、大丈夫か? アルバイト大変だろう」

住まいも慶応の学生さんが実家の一室に無償で下宿させてくれた。苦労を知れば、勉強に入れる力もまた変わる。学費は援助したが、生活費は宣言通りに自分で稼ぎ出し、四年間、大学で勉強を続けた。卒業後は一流企業の研究職に就職し、大学で学んだことを大いに役立てた。

幸せな家庭も築き、節目ごとに報告はしてくれたが、大学卒業以来、修司の顔を見ることはなかった。

後日談。

随分と年月が経ってから、彼は自分のこどもを連れてひょっこりと学園に遊びに来た。六年生くらいだろうか。いじめが原因で家に閉じこもっていた娘を心配し、会社を休んでまでドライブに誘い、ここまで来たそうだ。

「先生、見て回ってもいいですか？　娘に見せてやりたいんです」

「ああ、好きにしていい。職員の懐かしい顔はあまりいないだろうが、施設はあまり変わらん」

「先生もお変わりないようで」

「修司、君はどこかたくましくなったな。父親になったからかな？」

「仕事が忙しくて。子育てが難しくて戸惑いの連続ですよ。先生はすごいなって改めて感じてます」

修司親子を案内しながら、私たちはユニットホームの一室へと立ち寄る。そこは以前、修司が暮らしていた部屋だ。前とは様変わりしたが、懐かしい面も確かに残っている。

「お父さんは、ここで育ったんだよ」

懐かしむように目を細める父親を見上げる娘は、こどもたちだけの部屋を眺めて「へえ」と小さな感嘆を漏らしていた。

園庭の近くを流れる小川では、

「この川ではね、魚をとったんだ」

「食べなかったの？」

「食べるなって先生に怒られてな。でも、そのあとにな……」

「修司」

じとっと睨みつけると、たじたじとなって修司は頭を掻く。

「まあ、とったら逃がす。キャッチ&リリースってやつだ。釣りの基本だな。今度やってみるか？　楽しいぞ」

「楽しい？　じゃあ、やってみたい」

にひー、と笑う娘は、修司の笑顔によく似ていた。

「鶏が鶏小屋に帰らないからと、庭に放し飼いになっている鶏の卵を集める競争もしたな。一位はいっつも取れなかったけどな。あ、あと、草むらにできた巣みたいなところに卵を集めて隠してたら、水鳥があたためてたのか、いつの間にかひよこになって出てきたこともあったなぁ」

悪ふざけの武勇伝がたびたび飛び出してくる修司に、娘の瞳は次第に輝きを取り戻していくようだった。まるで憧れのヒーローを見るように……。小さなものから大きなものまで、思い出の数々を語り尽くす修司は、最後に自分には親がいないことを話す。

「お父さんもお母さんもいなかった。でも、僕には先生や友達がいた。ここには、そんなやさしい人が溢れてる。お前ぐらいの年代で、親がいない子がいっぱいいる。でも楽しそうだぞ、ほら見てごらん」

学校から下校してくる学園の子たちが笑い合う姿を指差しながら、修司は娘の頭を撫でた。

「お父さんやお母さんがいなくても……みんな楽しそう」

「そうだろう？　ここはつらいこともあるけど、楽しいこともある。だからみんな、笑顔なんだよ」

膝を折って顔を突き合わせる修司は、娘に言う。

「いじめはこわい。父さんも経験がないとは言わないさ。でもな、友達がいればなんとかなると思わないか？　ひとりやふたり、そういう友達はいないのか？」

「うーん、と……」

考える娘は、ぶんぶんと首を振ると人差し指を立てる。

「ひとり、いる」

「じゃあ、その子と遊べ。ガンガン遊べ。その子とも遊べなくなったら、別のクラスで友達を作ってもいい。こわいなら逃げたっていいんだ。ただ、立ち向かうことを忘れなければな」

「立ち向かう？」

「ヒーローが悪を倒すようにさ。お前も好きだろ、戦隊ヒーロー」

「うんっ！」

力強く頷く娘に、修司は「よっしゃ」と声をかけると、頭をぐしゃぐしゃと撫でた。

「それでこそ僕の子だ。お前はヒーローになれ。父ちゃんも救えるくらいのね」

「父さんは私のヒーローだから、助けないよ。私を助けるんだよ」

「はは、なんだそれ」

娘の言葉に嬉しそうにはにかむ修司は、笑顔のまま帰っていった。

中庭には鶏小屋「こっこのおうち」がある。烏骨鶏や鶏たちは小屋から出たり入ったり、昼間の園庭を自由に動き回っている。

元気な鶏たち。

その後、電話がかかってきた。

閉じこもっていた理由が、いつもいじめてくる子たちから、体育大会で不得意な競技、二千メートル走の選手を押し付けられたからだという。それを知ってあの日、修司が高校生のころよく走っていた学園近くのグランドで一緒に走り、「このグランドを五周走れば二千メートルだよ」と教えたそうだ。

そして、過去に施設で生活したことを娘に話せないでいた彼は、この機会に私に話をしてもらおうと訪れたのだという。その甲斐あってか、父親を見直し、自信を取り戻した彼の娘はその後、学校に通えるようになったらしかった。修司自身も、「気づいていなかった心の重しから解き放たれた」と電話で話す声は以前にも増して明るく聞こえた。

未来に迷いがあるなら大学・専門学校に行こう

大学進学は一大決心のイベントでもある。

一緒に暮らせない家族がいる子にとってはさらに奮起するものである。学園を出たあとはひとりで自立していかなくてはいけない自負がそうさせるのだろう。

勇二はそういった子のひとりだった。

どういう選択肢があるのか、何度も話し合った結果、大学進学を選んだのである。真面目だし、学校の成績も良かった。一般受験ではなく、推薦入学のある大学を探し、十一月にはある私立大学からの合格通知を貰っていた。

入学金は他の子と同じように公の支援金と、足りない分は私たちが賄う形だ。

四年間でどのくらいのお金が必要か。実際の生活などもこまかく質問し、ボランティアの大学生からの経験話などのアドバイスを受けた彼の行動は、普通の子とは少し違っていた。


早くに手続きが終わり、入学まであと数カ月と迫ったころ。

アルバイトを重ねる勇二は、何十万円ものお金を貯めた。受験期の高校三年生は自由登校になって、それほど出席する必要がなくなる。

早朝のコンビニバイトから、力仕事、単発の引っ越し屋など、よくもまあ見つけてくるものだというくらい、精を出していた。

安心、安全を考えながら、将来を見据える彼らを私たちは見守る。これだけしかできないのは心苦しいが、しかし、何もかも手ほどきに徹しては自立はできない。

支援者の助けもあり、勇二はその後、大学近くに古いアパートを見つけた。先輩たちの使い古しだけれど、ほとんどすべての生活用品も買わずに揃えられていた。

自分で稼いだお金でたちまち貸付奨学金を返済し、借金することなく大学生になった彼は、珍しいの一言に尽きる。

自分の環境を認めたうえで行動ができた勇二は、大学生活を送るうえでも横道にそれることなく、地に足をつけて頑張っていた。そうして大学の就職課の紹介で信頼できる企業に就職した勇二は、今は立派な社会人として責任ある立場で働いている。

ある時、施設にいたことを引け目に感じていた本人から、大学まで出してもらえたことを感謝する電話がきた。学園の先生のところにいられたことは幸せで素晴らしいと。

親としてのあたりまえの行動を、しかし感謝されるのは素直に嬉しいし、誇らしい。彼が自分の道を進むための力添えができたのだとしたら、こちらこそ感謝したいぐらいだった。

進学先の大学教授の知人に見守りをお願いし、研究室への訪問もさせてもらった。

こどもの学費は大学まで進めば途方もない金額になる。こどもがひとりだけでも大変な家庭があるが、そう考えると児童養護施設のこどもたちはさらに恵まれない環境にあるのではないだろうか。

お金の不自由は唐突にやってくるのだ。

高校生まではこどもとして世話してもらえるのに、卒業と同時に大人扱いして自立を要求される。地方出身で、上京して大学に通う子たちも同じ境遇となるが、少数派のなかでも多くを占めるのは施設出身者のこどもたちだろう。

とはいえ、社会人になって尋ねられるのは、最終学歴ぐらいだ。施設出身であることは何も関係ない。誰も聞かなければ、自分で話す必要もない。この苦難を乗り越え、大卒の肩書を手に入れて他の子と同じスタートラインに立った施設出身の子たちが、そこでようやく引け目を感じなくなってくれたら、と私は願っている。過去に高校進学を施設としてチャレンジし、お金作りに奔走したあの時を思い出す。

支援者の協力で奨学育英会の立ち上げ

大学進学の実現をかねてから支援者の方々にお願いをしていたところ、支援者のA氏やB氏らのサポートで、東京電機大学の大学院まで出た子がいる。ロボットの研究を続け、今は大学で助手として学生を教えているという。名前は、たかゆき。

学園にいるころから人間関係を築くのが苦手で、口下手なところがあった。うまく自分の気持ちを伝えられないために何かとつらい思いをしてきたのを見てきたものだ。ある時は児相に言われて父親が面会に来たが、本人が父親の質問にはっきり答えられないのでイライラしたのか、私たちのいる前で父親はたかゆきを平手打ちした。

その場面を見て大学へ行くことをすすめようと私は決心した。

「たかゆき君には、一般企業での仕事だと人間関係で苦労するし、向いてないんじゃないかと思う。私は理系の大学に進学させたいと考えている」

厳しい意見だが、しかし彼を思えば、辛辣な言葉はやさしさのように感じる。

「研究職がいいね。数学とか工学系には強いっぽいし」

何かと理系のテストの点数が高かったたかゆきは、支援者のアドバイスをもとに電気関係というマニアックな分野への進学を提案されて、納得したように頷いた。

私はこの子の自己実現のためにスポンサーを求めることに努力した。

「僕、やるよ」

そう言って受験を覚悟した彼は、人並み以上の努力をして、今の立場にいる。

奨学金を出資してくださる証券会社の社長さんとの出会いも幸いした。

現代のこどものなかには、自分の好きなこと、得意なことが分からない子が多いように思う。それは施設の子にも言える。

なんとなく大学まですすんで、やりたいことを見つけてこいという大人はいるが、まあ間違っていない。行けば何かを掴めるだろう。ただし、それはその子の努力次第だ。

誰かが指針を立てることで、彼らの道には選択肢が広がる。

たかゆきが選択したのは電気関係でもロボット方面だった。種別は多岐に渡るというのに、ロボットを選んだのは彼の意志が反映された結果だ。選択したゼミの先生との出会いから道が開けた。

大学に通えれば、何かが見つかる。そうだろう。でもこれは、こどもたちが自ら未来を掴み取らなければ得られない希望だ。施設出身だからとその光を摘み取ってしまうことは、私はしたくない。

求めよさらば与えられる

「ぼくは海の男になりたい」

あきらは船乗りになりたいという夢を持っていた。

小学三年生の時に学園の遠足で行った港で、初めて白い帆を張った船を見て以来、夢を抱いてきた彼は、六年生の時に神戸で世界の帆船が集まる催しがあることを知った。

「見に行きたい！　連れていってよ園長先生！」

「うーん……でもな」

「学校休んじゃうことになるし……やっぱり、無理かな？」

当時は学校を休むときはそれなりの理由が必要だった。

それはどうにかなっても、立川からは遠すぎる。

もちろん、夢は応援したい。しかし彼だけを特別扱いするわけにいかない部分があった。

そこで私は、ある提案を思いついた。

「そんなに行きたいのなら、自分で計画を立ててごらん？」

「計画？　どういうこと？」

「どういうふうに神戸のイベントまで行けばいいのか。どういうふうに見て回るのとか、そういうのだよ」

「へえ……わかった」

やってみる、と元気よく返事してどこからか紙を持ってきたあきらは、楽しそうに経路を調べて、一枚の紙にまとめていく。

夢を否定してはいけない。

「そんなのは無理」とか「そんな遠くに連れていけないよ」と断ってしまうのは、彼の想像を遮る結果となる。こどもの養育には、そうした大人の否定が大きく今後に影響する場合が多々あるのだ。

「先生、できたよ。連れてって！」

いくらか日が経ったころ、細かく行程を書いた紙を見せてくるあきらは、訴えを重ねた。

その情熱に押され、ボーイスカウトの活動を一緒にしていて、同じ学年だった私の長男と共に、学校を休んでそのイベントを見学することを学習とするということで、小学校担任教師の了解を得て許したことがある。

神戸には妻の弟の家があるので、新幹線の出迎えや泊まる手筈も含めて調え、実行した。

その当時の帆船の印象が彼に火をつけたのだろう。

中学生の時、立川市の少年の主張大会に応募し第一位の市長賞を受賞した。その表題は「海の男として人々のために働きたい」であった。

高校卒業後、国家公務員の試験に合格し、彼は海上保安学校に進学。そのための努力は近年では一番、鬼気迫るものがあった。船乗りに憧れていた夢は海上保安官へ、そして保安学校の卒業式に私たち夫婦は長男の運転する車で五時間かけて出席した。

総代で答辞を述べる姿をほめてやりたいからだ。その後、彼は海上保安官として日本の海の守りを務めた。

しかし、五年間の勤務後、保安庁を辞して今までお世話になった思返しのために、身につけた潜水技術を教えに、中南米のホンジェラスに赴いた。

そこで潜水病で悩んでいる養成所に配属されて、青年海外協力隊員となり潜水指導員として活動することになった。

二年間の任務を終えてから、帰国後海外協力隊本部で業務のかたわら、へき地の小学校の教師になろうとさらに夜間大学で教員免許も取得した。しかし就職口がなく教員にはなれなかったが、あきらは、海上保安庁シニアの部に応募し、難関を越え、海の男として再出発をするまでに成長した。

施設にいるから夢を諦める……そんな子が多いのは確かだ。

でも、親がいなくてもやればできる。施設育ちだって、やりたいことをしていけないはずがない。頑張ればなんだって叶えられるのだ。

あきらの生き様は、その後に続く施設の子たちにとって大きな勇気となっている。

こどもたちが作った貼り絵。
大きな木には、手のひらの葉っぱがたくさん貼りつけられている。

学園では、絵画、舞踊、華道、書道、バレーボール、野球など専門家のボランティアが指導してくださっていた。また、ボーイスカウト、ガールスカウトの活動はひとりの人間としての存在を認める自尊感情の育成のため地域活動として続いている。普通の子どもとしての社会は施設の子ではなくボーイスカウトとしてその子の活動を評価する。

新しい園舎の建設――これで学校の友だちも呼べる――

　昭和三十九年、開設当時の古い建物を新しくしたい。安心安全な建物にしたい。改築された新しい園舎は鉄筋コンクリート造りの建物で、敷地のなかに大きな建物がひとつ、男子部屋が三つ、女子部屋がふたつ、幼児部屋がひとつ、と都合六十人以上が一斉に同じ食堂でご飯を食べるという大所帯だった。そしてホールは日々の音楽や舞踏の稽古、卓球などの行事に使用。図書室、心理相談室、ボランティアルームもあった。こどもたちは、これで学校の友だちも遊びに呼べると大喜び。しかし私たちは借金の返済に大苦労なのだった。

　小学三年生の克人が来たのは、ちょうどそのころ。

　離婚した父親が行方不明となり、養育困難を理由に、二歳下の妹と共に預けられたのである。以来、高校を卒業するまで学園が家庭だった。

　当時は、まだ高校生までが私と同じ部屋だった。

　朝六時半のラジオ体操から、同じ時間に学校に向かい、学校から帰ってからもずっと一緒。本当の兄弟のように育った。

　克人と同年齢の子は八人いたが、皆は中学を出たら高校進学か就職する。当時はそれが普通であり、高校に通うにしても、都立高校に合格しなければ費用がかかるので進学できなかった。美術が得意な克人は、八王子の都立工芸高校に進学。当時としては画期的なものだ。三年間、立川から八王子まで休むことなく通った彼は、卒業後には京都の手描き友禅の工房への就職が決まっていた。学校も、就職先も大歓迎の道筋ではあったが、気持ちの奥底で揺れ動く本心を私は見逃せなかった。

「どうしたん、克人。迷ってんの？」

私が声をかけると、ゆるゆると首を振ってため息をつく。

「迷ってなんかない。ただ……」

「ただ？」

黙り込む克人は、それがいけないことではないかと言わんばかりに眉間にしわを寄せる。それを見ると、つい、余計なお世話だと思っても口が勝手に動いていた。

「少しでも迷いがあるなら、今決めないでもいいじゃないか。大学だって、行ってみたらどうなん？　もっとやりたいこととか見つかるかもしれんし」

「大学、とか……無理だよ、僕なんて」

「無理かどうか、やらなきゃわからない」

根性論のような気もした。けれども、彼の迷いを払拭するには無理やりにでも前を向かせることしかなかったようにも思う。

この時代、養護施設から大学に進学する子は稀だった。ただ、大学受験を決めたのは高校三年の十二月だ。彼は工芸高校に通っていたから、受験のための勉強などしたことがない。担任の先生がちょうど英語担当だった。彼の方向転換の決心を聞くと、付きっ切りで補習をしてくれ、必死にすがりついていった克人は、短大の夜間学部に合格することができた。近くで見ていた私すら気圧されるような、物凄い気迫を今も憶えている。

大学生になった克人は、昼間は私の父が宮内庁時代の友人たちの応援で開設した、国立国会図書館内のコーヒーショップ『花泉』で働き、夜は大学で授業。土日は学園で宿直の補助員をして働いていた。

「僕は、福祉の仕事に就きたいと思うんだ」

至誠学園で小さい子たちの世話をしているうちに福祉への興味が湧いてきたらしい。

短大終了後、四年制大学の三年生に編入して商学部経営学科を卒業した克人は、さらに通信教育で社会福祉主事の資格を取っていた。主事の資格があればどこでも通用する。情熱が普通の人間と違う、と感じた。

当時の克人は得意な美術を生かして学園の行事などで、看板や大きな絵を描いていた。そのころから勧められていた至誠学園の就職試験を受け、それ以来、克人は職員として勤務することになる。

昭和38年新築された園舎。その当時の施設は70名定員の大舎制でひとつの建物の中に国が定めるすべての機能が設えられていた。

しかし、これだけ前向きな彼のことだ。転換の時期が来る。

「どうしてもコーヒー屋がやりたかったんですよ」

そう言う彼の瞳は、こどものようにキラキラとしていた。

十九年間を学園の職員として勤めてきた克人は退職し、口にした通りのコーヒー屋となった。

大学生の時にアルバイトしていたカフェの経験が影響していると言っていた。

カフェで働いていたのはみんな、アルバイトをしながら大学に通う苦学生たちだったという。

「貧しいのはみんな同じでさ、自分だけが特別かわいそうってわけじゃないって初めて分かった場所なんだ。目が覚めたんだよ、その時」

誰もが一緒なんだ、苦しいんだって、と克人は遠くを見た。

「アルバイト仲間や大学の友人たちと野球チームを作って早朝野球を楽しんだり、バカ騒ぎしたり。忙しかったけれど、思い出深い青春時代を思い返すと、今でも笑いが込みあげてきてね」

今まで見たことのない喜びに満ちた表情をする克人は、だからさ、と続ける。

「いずれ、そういうカフェを自分でも経営してみたいんだ」

だから、コーヒー屋なのか。

「応援するよ、その時はおいしいコーヒーを飲ませてほしい」

「ええ、特別うまい、愛情のこもったものをごちそうするから。楽しみにしててください」

拳をぐっと握る克人は、そうして退職し、フランチャイズのコーヒーショップを始めた。順調な滑り出しとは言えなかったようだ。経営は見た目よりも困難を極める。

いくら学んだからといって、座学と実地は違うものだ。

「至誠学園の仕事とはくらべものにならないくらい、体力的にきつかったよ」

二年間、コーヒーショップは頑張ったが、廃業したという。マネージメントや経営を実地で学べたのは彼にとって大きかったに違いない。労いの言葉の代わりに、私はインスタントコーヒーを彼に差し出した。

「インスタントだけど、飲むだろ？」

「最近のはインスタントでもうまいからちょっと悔しいよ」

「笑えないな」

湯気を立てるコーヒーカップに口をつける克人は、「うん、うまい」と苦笑を滲ませる。

コーヒーショップを廃業後、彼は重度心身障がい者の施設、学童保育や高齢者のデイサービスなどで福祉のキャリアを積み、至誠学園に戻ってきた。今から五年前のことか。

紆余曲折あって回り道をしたが、縁は途切れなかった。再び学園の事務長として腕を揮うようになった彼は、ここで育ったこども時代のことをよく口にする。

「施設に連れてこられた時はどうしようもなく寂しい気持ちだったけど、学校に行くと友達がいっぱいいいた。学校で学園の誰かがいじめられたと聞くと、学園の仲間がわっと駆けつけて加勢したりね」

「ああ、あの時はその後散々怒られたな」

「それだけ絆が強かったんだよな……」

学園では、学校から戻ってきて夜寝るまでのスケジュールがびっしりだ。月曜は勉強、火曜は歌、水曜は大学生ボランティア家庭教師に教えてもらい、週末はボーイスカウトや野球など。横道に逸れる暇もなかった。

「今の僕と、僕の家族のすべての原点が学園にあると思う」

そう話す克人は学園での指導員時代、学園の子の大先輩としていい相談相手だったが、今では社会での起業経験を経て、施設を経営する私の力にもなってくれている。

「至誠大地の家」。同じ敷地内の「至誠大樹の家」との間にある広い芝生では、大きい子も小さい子も一緒になって遊ぶ。

2階外のデッキは、地域との交流の場として使われている。

明るく快適なリビング・ダイニングルーム＆キッチンも。
こどもたちが食事をしたり、遊んだりする憩いの場。

サンタクロースの贈り物

毎年クリスマスの時期、ゴールドマン・サックス証券の社員の方々が来園されホリデイパーティーを催してくださっている。しかも、こどもたちの希望を事前に聞いて、ひとり五千円の予算でプレゼントまで用意して。

パーティーが終わって帰られる時、社会貢献活動担当の方が、「園長さん、何かお手伝いすることはありませんか」と声をかけてくだった。「実は、新しい施設づくりの計画があるが資金の面で悩んでいる」とお話しした。

かねてから、乳児院から二歳で措置変更する国の制度に疑問を持っていたが、児童福祉法の改正により、ゼロ歳から七歳までは乳児院でも養護施設でも措置を受けられるようになった。こどもの成長発達上、「三つ子の魂、百までも」と言われているくらいケアの連続性が大切である。「ゼロ歳からの児童養護施設」を実現することを考えている。そのころ買い戻した土地に建てたいと説明した。

年が明けてまもなく担当者から、企画案を聞かせてほしいので来社するようにとの電話をいただいた。そして、私たちの日常とは遠い存在である六本木ヒルズのゴールドマン・サックス証券株式会社を、学園の幹部職員の同行でお訪ねした。同行した職員たちは緊張を隠せない様子。通された部屋で社長をお待ちした。
「やあ、お待たせしました」と持田社長が数名の方々とおいでになり、私たちはその気さくな様子にほっとしたことが忘れられない。皆様に児童養護の実態やこどもたちのこと、貧困や虐待の連鎖、自立支援などについてお話をした。すると、その話を聞いてすぐに、「ゼロ歳からの児童養護施設」の建築資金の寄付を約束してくださったのだ。

ゼロ歳からの児童養護施設「至誠大地の家」の誕生

その後、国への申請は問題なく許可され、補助金も決定し、大手工務店の設計で、二〇〇九年秋に「至誠大地の家」が完成した。工事は約五億円の入札で建築会社が落札し、二年計画で建設された。この児童相談所は、乳児院から措置変更したシングルマザーのこどもの幼児などが入園してきた。完成祝いには、持田社長を始め多くの会社幹部の方々が来園され、幼いこどもたちのソーラン節の披露に大きな拍手をいただいた。

その後、高齢児が増えるなかで一泊の自立支援のセミナーを、オリンピック記念青少年センターで実行した。ＯＭＹＣでは学生や若手社員の研修が催されていて、高校生には良い刺激を得られることも考えた。プログラム講師としてゴールドマン・サックス証券の方のお話を聴いた。君たちが社会に出る時、もし不安があるなら大学へ行きなさい。大学生でいることで社会を知ることができると話をしてくださった。

その後、ひとりの大学受験生の支援者になってくださり、そのこどもはロボット研究に専念し、大学院まで修了させていただいた。前出のたかゆきのことだ。

私は奨学金制度について相談を受けたとき、東京都社会福祉協議会に資金を寄付され奨学金制度を広く養護施設のこどもたちを対象に募集して実施する案をお話したことがある。大学四年間の学費は大変な額になる。当時養護施設出身者の大学進学率は九%だった。一般高校生のそれは六十%ぐらいであった。

その一期奨学生に我が園の卒園生がいる。動物の看護師になると大学に入った。大学の学業だけでなく、ボランティア、アルバイトを通して学びも多い学生生活を過ごし、動物病院の看護師として就職ができた。

私たちもメンターとして寄り添いながら、奨学金の有難さと、実子だったらどうするだろうと悩むアドボケイト（代弁者）としての存在を重く感じた。それは、中退してしまう学生たちの事例を多く知っているからだ。

大学に行ける児童養護施設「至誠大空の家」の誕生

日野市の区画整理事業団から福祉ゾーンの空き地の利用について相談を受けた。三百五十坪の五十年賃貸継続も可との条件である。

それでは、いまニーズの高い高齢児用の施設「大学に行ける児童養護施設」をミッションに考えられないか。虐待、貧困、家族問題をかかえて来るこどもたちは、中学生・高校生の短い期間で解決できないが、その後の支援を続けることで自立を支援できるのではないかと考えた。十八歳以上のこどもたちが共に暮らせるケアハウスが必要だと思った。

長年、至誠学園で実践したパートナーメンバーの力を貸してもらう場となる「至誠大空の家」の実現に向けて計画を進める決心をして、持田社長に相談したところ支援するから進めてくださいと言われた。

なんと幸せなことだろう。職員たちとも涙した。

創設者のことば、「まことの心の働きは人の心を動かし天に通ず」を思い出す。

CHAPTER 6

児童虐待の防止に関する法律の制定

児童虐待の防止に関する法律の制定

児童虐待からこどもを守っていく

わが国の経済発展も世界の上位となり、貧困などによるこどもの生活環境は改善してきている。

かつて養護施設の役割は、家庭に代わる衣食住中心の生活の場を提供するものだった。親がいない、あるいは育児放棄《ネグレクト》されたこどもたちのための居場所だったのである。しかし今はそれよりも増えてきたものがある。

虐待を受けたこどもたちだ。至誠学園にも、そういったこどもたちが入所するケースがここ最近増えている。

特に平成十二（二〇〇〇）年に虐待防止法ができてからは、早期に児童相談所に通報し、虐待を受けていると思われるこどもを親から離すという認識が一般にも浸透してきた。地域の人がこどもの泣き声などで異常に気づいた時には、こどもの人権を守るために通告することが義務化されたことも大きいのだろう。

虐待の通告は年々増えている。平成二十九年度には十三万三七七八人と、例年にくらべて遥かに増大傾向にあるが、しかし、すべてがすべて正確なデータとは限らない。もっと多いのかもしれない。だからこそ、本当に必要な子への対処が遅れたり、間に合わなかったりするケースもないとは言い切れない。

日本はまだ、虐待に対する考えが一般に浸透していない面があるのも事実だろうことも否めない。

家庭内のことに他人が口を挟むべきでない……よそはよそ、うちはうち、という考えで、こどもを所有物のように扱ったり、体罰は躾のひとつだと、はっきり間違ったことを口にする人が未だにいるのである。

「自分の子を叩いて何が悪いの？」

「これは躾だから、あんたらには関係ないでしょ！」

異常に気づけたとしても、児童相談所はなかなか踏み込めない。

介入が難しい時期が続いたのも事実だ。カッとしてこどもを叩き、蹴飛ばす親は、それを咎められると開き直ってしまう。

だからといって野放しにするわけにもいかず、児童相談所の決定でこどもを施設で預かることになれば、怒鳴り込んでくる親もいた。

「俺の娘を返せ、こどもは親のものだろ、なんでお前らが勝手に奪うんだ！」

「誘拐だぞ、誘拐！　俺のこどもを返せ」

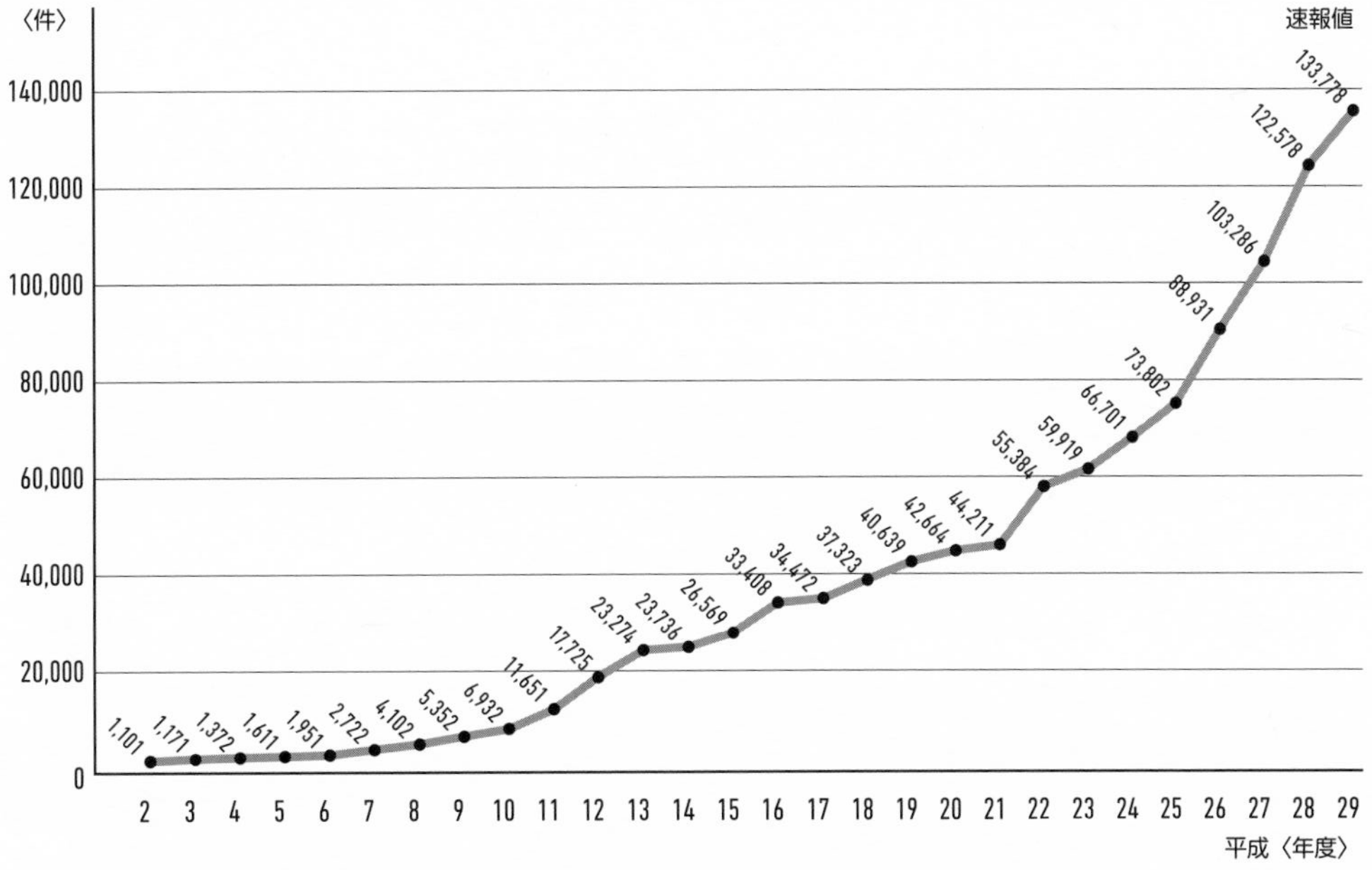

児童相談所における児童虐待相談対応件数　（厚生労働省より公表）

児童相談所の介入によって引き離された父親が自分の娘を探して施設を回ることもある。こどもの命を守るために措置された施設は、そうした発言をする彼らから、震えながらも一歩を踏み出そうとするこどもたちを守る責任がある。

殴られるのがこわいから。蹴られたくないから。

そうした恐怖に縛りつけられて動けないこどもたちを助けるためにも、私たちはいる。

虐待を受けたこどもたちを引き受ける際、そうしたことを加味し、普段通りの心のケアだけではない、家族の指導も必要になってくる。

こどもたちの希望が優先だが、いつか家族のもとに戻れるよう尽力するのも務めのひとつだ。

時代によって、施設の役割やスキル、こどもたちの養育が変わっていく。

それまでの養護施設は、どちらかといえば貧困対策のひとつだった。福祉を利用するというのは、親の意向や同意を得て、こどもの養育を国が肩代わりするということだが、今はあくまでもこどもの人権を守る、命を大事にしようという部分が尊重され、中心となっている。

それは、家庭の養育機能が脆弱化してきている証明ともいえる。

学園に来た子には、普通の家庭と同じような環境を与えてあげたい。親に怯えて暮らすよ

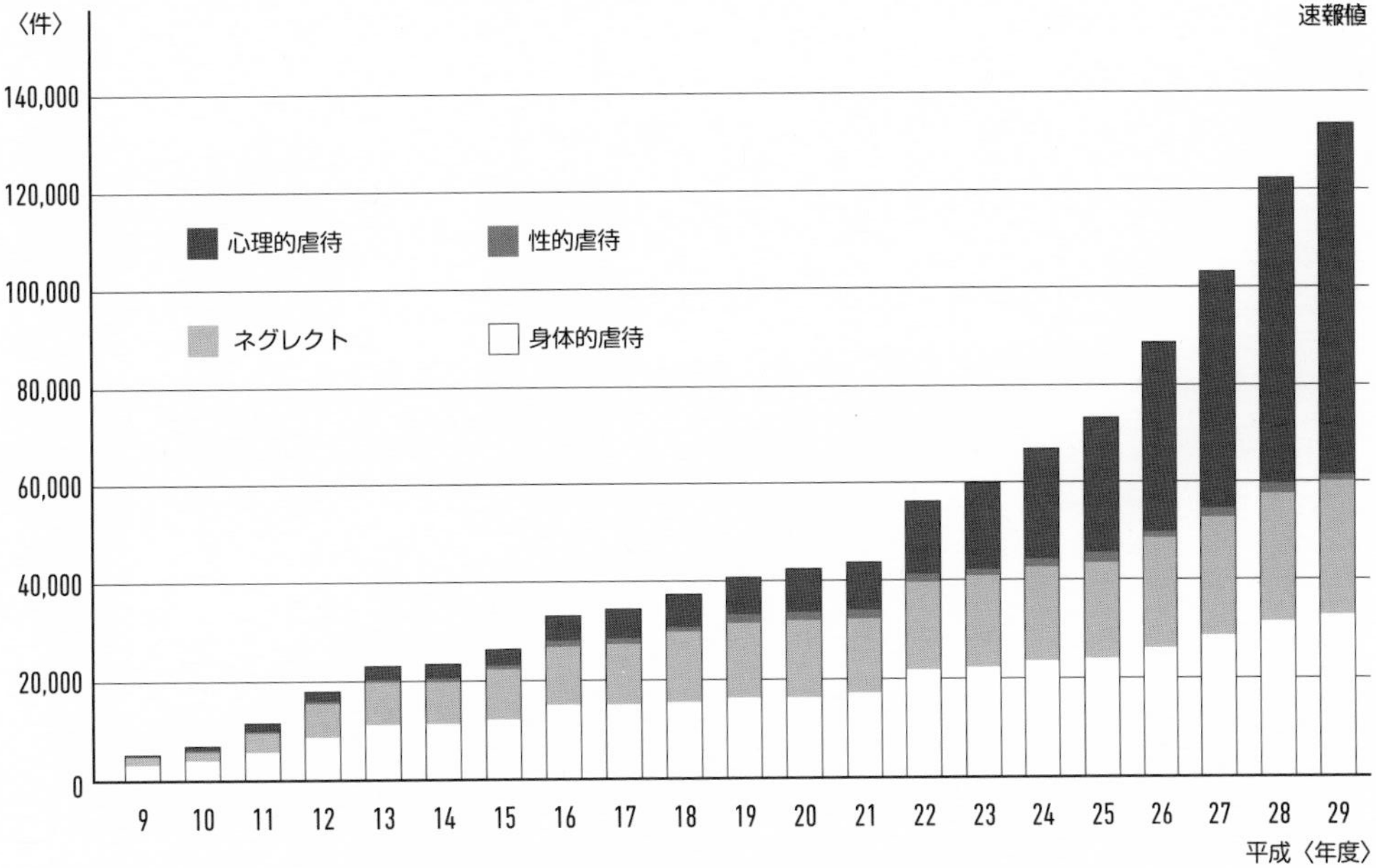

児童相談所における児童虐待相談対応の内容　（厚生労働省より公表）

うなことは彼らの成長に支障しか与えない。

その子の将来設計を健全に立てることが、養護施設の役割となる。

児童虐待からこどもを守る

「いい子ってなんなの、先生？」

たけしはいわゆる虐待から保護された子だ。

母親は彼が五歳のころに家出をした。父親は気が良く、やさしい性格だが、定職に就かずギャンブル三昧。そうなれば、こどもひとりであれ育てきれなくなる。

やがて再婚した母親に引き取られ、しばらくは安寧を過ごしたたけしだったが、手放して寂しくなった父親に連れ戻され、一緒に暮らすようになり……結局、父母の間を行ったり来たりする生活が始まることになった。

小学生にあがったころ、再び母親のもとで暮らすようになる。大人の都合で落ち着かない暮らしを余儀なくされた彼の情緒に、いい影響があるはずがない。

たけしは母親に甘えたいと言っていた。

でも、再婚相手との間に生まれた妹に愛情を注ぐ母親を見て、不安になってしまったという。素直になれず、反抗的な態度を取ってしまうたけしを、義父がいつも大きな声で叱りつけていた。

彼を取り巻く環境は悪化の一途を辿っていた。

家族旅行や外食には連れていってもらえず、いつも家で留守番。家庭内いじめの状態だ。

「お前が悪い子だから連れていけない」

そう言われて、叩かれることが何度かあった。

暴力に訴えられれば、たけしの反抗的な態度も落ち着くはずがない。受け入れず、力で押さえつけようとすれば跳ね返るに決まっている。

反撃にと物を投げつけたり、噛みついたりしたこともあったという。

義父はその度に、手をあげる。柱に縛りつけて、折檻をする。すると、顔や頭に傷をつけて登校することが多くなった。母親もそれを止めようとしない。

心配した学校の教師が児童相談所に連絡したのは、また新たな傷を作ってきた時だった。相談員が家にやってきて、ようやくたけしが殺されるのではないかと不安に思った母親が、施設での保護を承認した。

家族は国の縮図のようなものだ。影響力の強い者があれば、それに従い、一人ひとりが自分の頭で考えることを放棄してしまう。そうすることによって本来抱いていた罪悪感や不安が掻き消え、それが普通のことだと思ってしまう。

集団心理も同じような原理だ。みんながやっているから自分もやっていい。しかし、そんなはずがないだろう。

「いい子になったら、お母さん、迎えに来るからね」

引き渡しの日、母親に告げられた言葉が忘れられないというたけしは、いつも私に質問する。

「いい子ってなんなの、先生？」

平凡な質問だと思えど、その意味は深い。

誰にとってのいい子。何気ない言葉のなかには、いろいろな感情が入り混じっている。

「あなたはいい子だよ。十分に」

「でも、お母さんは迎えに来てくれないよ。だから、悪い子なんだ」

「違う。それは違うよ、たけし」

彼は本当に分かっていないのだろう。いい子であることの条件が親の都合であっていいはずがない。間違っている。

彼の心は正常だろう。しかし、親の決めつけの言葉は、こどもの一生を左右するほどに強く心に根づく問題となる。

私は彼を抱きしめていた。それが正解かどうかなんて判断するまでもなく、私がしたいからしてしまった。

「先生？　痛いよ」

「大丈夫だからな、ちゃんとお母さんのところに帰れるから」

「ほんと？　じゃあ、いい子になれるかな？」

いい子になる。

彼にとってのいい子とはなんなのだろう。模索する術はないにしても、前進するきっかけは与えてあげたいと思う。

虐待されて育った子は、愛情を受けているという実感がない。

それは認められている自覚を持てないからだ。何につけても自信が持てず、おどおどしてしまう。そういう子に自尊心を取り戻させるには、かなりの時間が必要だ。

自分の感情を押し込め、我慢を重ねてしまう子が被虐待児には多い。自分が悪いから親が手をあげるのだと、自責の念に駆られる子ばかりなのだ。

たけしは、学園でいい子だった。

少しはやんちゃなところがあるが、それはこども特有のものだ。彼は世間的にも、いい子の部類に入る。

しかし、期待して待たされているだけで、母親が迎えに来ることはなかった。日を増すごとに、質問は多くなる。

答える私も、笑顔が引きつらないように努力した。

「もう少しの辛抱だから、頑張ろうね」

「頑張る？　頑張るって何？」

「それは……」

何に対して頑張ればいいのか定かじゃない。

「自信を持つのも分かんないよ、先生」

たけしは探求心旺盛だった。だからこそ、日に日に私は返答に困っていく。

彼らに自尊心を取り戻してあげたい。そうしなければ、彼らの普遍と一般的な普遍にズレが生じてしまう。どちらが正しいのかをまた悩むようになってしまう。

そうして私たちが心を悩ませるのは、虐待を受けて育ったこどもが親になった時だ。自分のこどもにどうやって愛情を注いだらいいかわからないのである。

それを解決するために、親子の関係を学園で修復、再生するプログラムがある。こどもを学園で預かることによって、私たちは親との関係も持つことになる。こうして施設に預けていれば、親と一対一で話し合い、養育、接し方を改善の方向に導くことが、たとえゆっくりでも可能になる。

こどもを目の前にすると感情を昂らせる親も、大人同士となればいくらか冷静になる。こどもの成長を継続して見守っていくには、そうした冷静さが必要だ。

そうして親を説得している間も、こどものケアを考える。

父母、兄妹や祖父母、親戚など、こどもたちに寄り添っていく人たちの存在は人生において必要不可欠だろう。

人間はひとりで生きていけない。誰かの手を借りながら、生きていくものだ。

実親の養育が望めなければ、こども自身が独立できるようにサポートする。その子が自信を持てるように専門家の力を借りたり、精神的、金銭的に支援する理解者《メンター》も用意する。

彼らがまた次の世代の親になるために尽くすのは、大人の責務ではなかろうか。

「たけしは、どうしたいかな?」

私の顔を見上げるたけしは、澄んだ瞳をしている。

父はギャンブルに溺れても、母が義父に逆らえなくとも……彼の精神はまだ健全だ。

妹に対する嫉妬を覚え、母に縋りたい心を持ち、それを抑え込む自制心もまた、彼が同年代よりも優れている証拠でもある。

「僕はね、いい子になってお母さんのところに戻りたいかな」

「じゃあね、いい子って何だろうね？」

「分かんないよ。だから先生に訊いてるのに」

「そうだったね。じゃあ、こうしようか」

私はたけしの手を取って、笑いかける。

小さな手だ。脈があって、ぬくもりがある。彼は同じ生きている人間で、守らなくてはいけないこどもだ。彼の将来を守るには、一体どうしたらいいのか。

「一緒に考えてみないか、いい子について」

「えー？　でも僕、分かんないよ」

「分かんないから、考えるんだよ」

そう言うと、たけしは渋々頷く。

彼が大人になって親になった時、これから出る答えが役に立ってくれると信じたい。

強力な親の言葉から解放されるまで、私たちは見守り続けたいと思う。

「至誠大地の家」は、きょうだいが同じ施設で一緒に
生活できるように、ゼロ歳児から受け入れている。

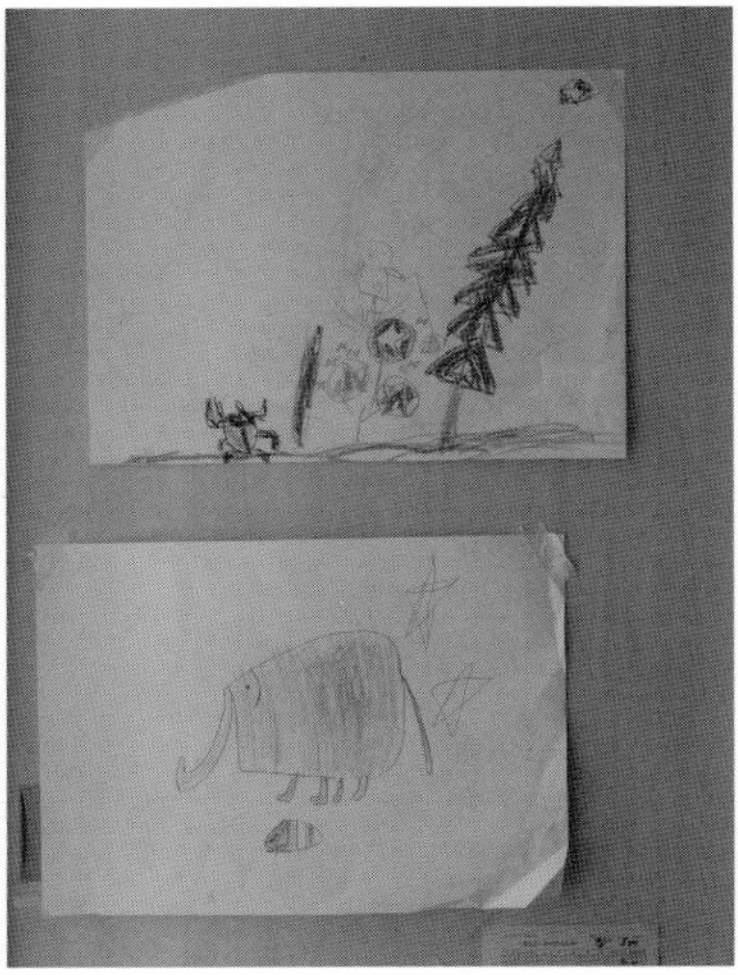

部屋の壁には、こどもたちが描いた絵
が飾られている。

「園長先生！ この子の話を聞いてあげて」学園生がピアカウンセラー

「園長先生、この子の話を聞いてあげてよ」

明日の会議の資料に目を通して遅くなって、玄関を出ると夜も深まる園庭のベンチで高校生が三人で話し込んでいた。

「こんなに夜遅く、どうしたの」と言いたいところだがしばらく様子を見ていた。

目の前には緑の芝が美しく見える水銀灯の下だ。

話しかけてきたさくらは、友達思いのいい子だ。

「中学の友人が訪ねてきて、話を聞いているところなの」

聞けば、その子の父が母に暴力をふるうという。それが毎日のことでこわくて家にいられないのだと。さくらは、その子の話をうんうんと相槌を打って聞いていた。

要約すれば、自分はこわくて友人のところを転々と泊まり歩いていたらしい。アルバイトをすればお金は得られるし、学校へは行ける。しかし、母親がかわいそうで、でも父に意見する勇気が出なくて葛藤しているのだと。そして自分も暴力を受けるかもしれないと、その子は涙しているようだった。

でも、何か吹っ切れたように、同級生は涙を拭いながら一時間近く話した。

「勇気を出してお父さんに自分の思っていることを話してごらん」

「できる？」

父親を相手に発言するのは難しい。

他人であればその後、顔を合わせることはないにしても、父親はその翌日も、また翌日も同じ屋根の下に住むわけで避けることができない相手だ。

だが、さくらを見つめる彼はできると頷く。

「こんなに話を聞いてくれた人はいなかったから……勇気出たし、やらなくちゃって」

彼は、芝に手をついて私に礼を言った。

自分しか動ける人間がいないわけじゃない。

ただ、頼れる人物ができたことが後押しになったのだろう。

「そっか。またいつでも話しにおいでよ。明るい時に」

「ありがと。さくら、園長先生も」

さくらが笑みを浮かべて送り出すと、彼も涙を流しながら笑って、礼を言って帰った。

話を聞いていたもうひとりの同級生が彼のあとを目で追いながら、口を開く。

「さくらちゃん、あなたはあの子のピアカウンセラーだね」

「そうかな。でも、友達だからだし、園長先生や職員の人たちがいるから」

淡白に返しながら、照れ笑いを浮かべるさくらは続ける。

「話を聞くだけで救えるなら、私に何かできるなら、それはやるべきだよ。やらなくちゃいけないことなんだよ。何もしないで後悔するよりもそれの方が全然いいでしょ」

驕った正義を振りかざすわけではない。

ただ、善悪の判別がつくなら黒が白になるまで塗りたくる必要がある。それがひとりでできることでないのなら、誰かの手を借りてでも。それは他人の視点でも当てはまることなのだろう。

もうひとりの同級生を見送って振り返ると、さくらは笑った。

「それじゃあ、帰ろっか。園長先生。おなか空いちゃった」

「うん、ハンバーガーを買ってこようか」

わざとらしくおなかをさすって、さくらは媚びる。さっきまでの友達といた時の頼もしさは一転、まだまだこどもらしい愛らしい笑顔がそこにはあった。

「さくらみたいなのが、いいのかもな」

大人では聞けないことも、こども同士なら口に出せることがある。

彼女はそういった架け橋になれるのは間違いない。でも、それは彼女が決めることだ。アドバイス程度に口添えはすれど、方向を強制する気はない。

「どうしたの、園長先生？　先行くよー？」

「ああ。あー、ハンバーガー屋に行くか？」

いつの間にか先を歩いていっていたさくらが、こちらに手を振っている。

ふふ、と笑う彼女は無邪気だ。

「分かってんじゃん、園長先生！」


その後、さくらの友人は父親と無事に話をすることができたそうだ。

話し合いを重ね、母への暴力はなくなったという。


虐待を受けたとしても、親を恨むことができないこどもたちがいる。

感情の発破を誰かに向けるのではなく、自らのなかに閉じ込めるのだ。親への憤りでさえ、無自覚にその行動、言動を嫌なものとして捉えるだけで、残り続けることはない。

恨みの感情は一瞬の情動に近い怒りの感情とは違う。

ことあるごとに思い出され、心の根底に根づくものが多い。しかしながら、親を恨むことができないこどもたちは、暴力を受けたり、怒鳴られたりしたことを、自分がいけないからだと……親が一ミリも悪いと考えることなく、自己嫌悪することに留まるのである。

そうしたこどもたちが、学園には多くいる。

彼ら彼女らは、生死を彷徨う結果となって学園に預けられたとしても、親元へと帰ろうとするのだ。親への愛情は変わらず、偏執的に親を求め続ける。

雛鳥は一羽で生きていけない。親鳥が運ぶ餌なくては生きられない雛鳥と同様に、自我の成長を経て、自ら飛び立てるまで……自立できるまでは、こどもたちは心の拠り所とする親を求め続けるしかないのだろう。

絵を描くことで心の内面を知る

亡くなった父、前学園長は宮内省勤務の傍ら、日大芸術学部の夜学で学んでいた。学園開設後、五月の節句には大きな紙に金太郎などの姿絵を描いて祝っていた。

「お金がなくとも、技術があれば想いを伝えられる。愛情は技術なり」

と、前学園長が口にした言葉は今でも忘られることなく、学園を支えてくれている。

こどもたちの精神面のケアにと、アートセラピーを、美大で児童心理と絵画の研究をしている美術講師の協力を得て、学園で取り入れているのである。

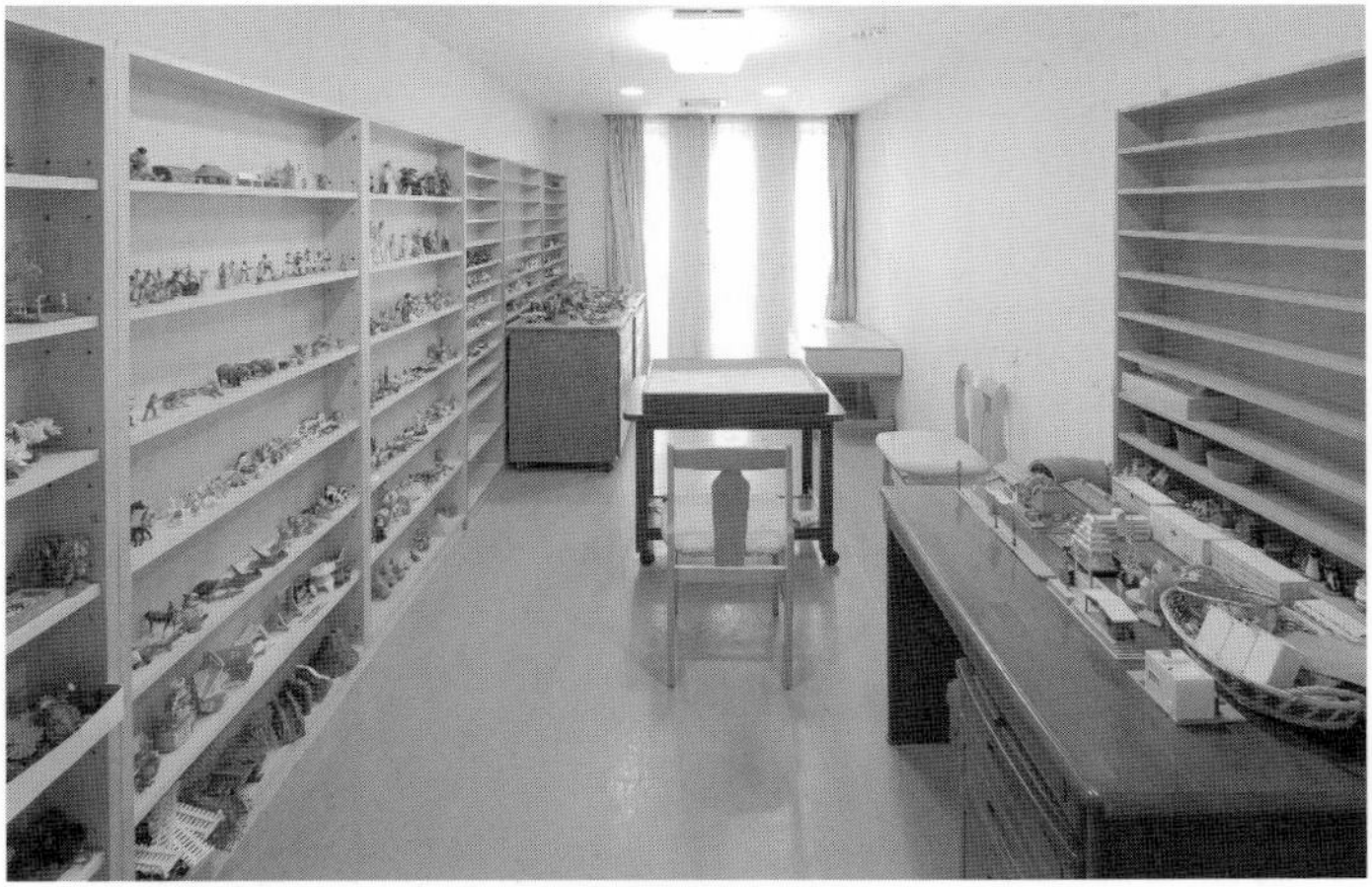

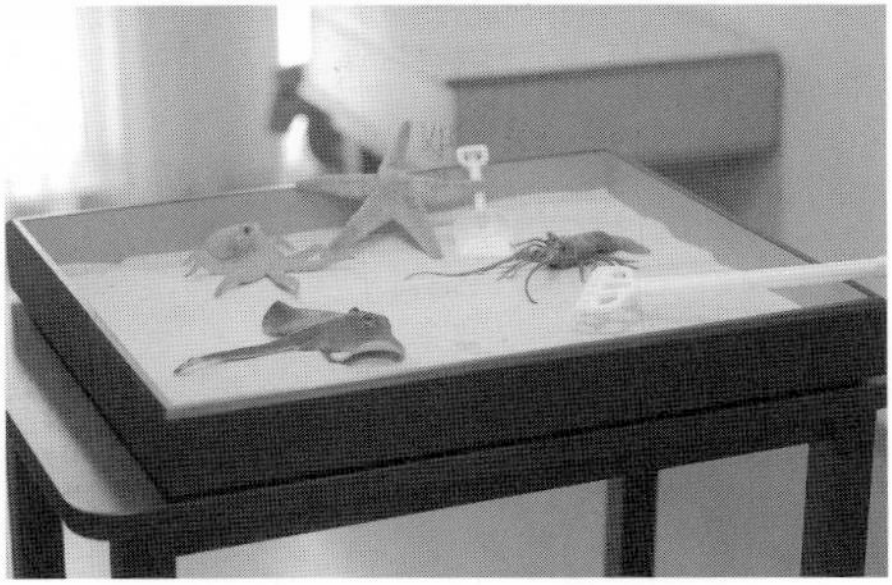

心理治療の部屋。親からの虐待、育児放棄などによって学園に来た子のなかには、心理的な治療が必要なケースもある。専門のセラピストやカウンセラーが定期的に適切な心理的ケアを行っている。

絵を描くことは、ストレス解消に大きく役立つ。

思考の整理や内に溜めた感情の解放を促すこともでき、親と離れ離れになったこどもたちの混乱する心を一時的にでも落ち着かせることができるこの描画療法は、欧米各所で既に行われているものだ。アメリカの施設を訪問した時に、アトリエでこどもたちが楽しそうに絵を描いている光景を見て、いつかうちも取り入れてみたいと思っていたのである。

ある時、学園にいる子たちで大きな富士山の絵を描いた。

複数のグループを作って、私もそのなかに混ざって一緒になって描いたのである。みんな思い思いの色で描くそれは、今まで見たことのない日本一の山になっていた。

「それじゃあ、次は折り紙を折って、富士山を飾ってみようか！　できるかなー？」

「はーいっ」

先生の声に合わせて、テーブルに配られた折り紙を手に取るこどもたち。

みんな瞳が輝いていて、楽しそうな雰囲気が部屋に満ちている。これだけ笑顔に溢れている光景は素晴らしいものだ。いつもこの空気感が続くように努力したい。

「……恭子ちゃん？」

と、そこでテーブルを離れて部屋の隅に折り紙を持っていく子がいた。

少し内気で、ちょっと他の子に声をかけづらい子ではあるのだが、席を離れることはあまりなかった。

とはいえ、折り紙を折る場所は、どこでもいい。テーブルの上でも、膝の上でも。玄関でも、部屋の隅であってもいいが、しかしひとりだけ離れているその光景は、どこか仲間外れにされている感じがしてしまう。

みんなでやることに意味がある。そう言いたいわけじゃない。協調性は必要だが、独創性を広げることも大事だ。彼女は誰かと一緒に何かを作るのではなく、ひとりで黙々と作業をすすめるのが好きなのかもしれない。

私は腰をあげて、恭子ちゃんに近寄った。

「恭子ちゃん、一緒に折らない？」

「……」

「嫌かな？」

顔をあげる恭子ちゃんは、折りかけの折り紙と私とを交互に見つめて、小さく首を振る。

「ううん。折る」

「そっか。じゃあ、こっちおいで？」

単的に口にする恭子ちゃんは頷くと、案内された空いた椅子にすとんと腰を下ろした。すぐに手に持っていた折り紙を広げると、試行錯誤しながら折り目をなぞっていく。

「何を折るのかな？」

「えっと……クマ？」

「クマさんか。それなら、先生も折れるよ？　手伝おうか？」

「ううん、いい。ダメ」

　折り目がいっぱいで、見た目的にはくしゃくしゃになっている。

　彼女が折ろうとしているクマは、きっと顔だけなのだろうが、それでも折り方は決して簡単ではない。折り紙の教科書を職員から拝借し、彼女の前に広げると、食い入るように見つめた。

「先生……ありがと」

「いいや。どういたしまして」

　頬を緩めるように小さく笑う恭子ちゃんに、私はその手元を指差す。

「もう折り目がいっぱいだね。紙、変える？　こっちに綺麗な折り紙あるけど、何色がいい？」

「いいの、これで」

　新しい紙を渡そうとすると、恭子ちゃんは頑なにくしゃくしゃの折り紙を隠すように、私に背をむける。その目は一瞬前まで笑っていたのに、睨むように鋭くなっていた。

何が彼女をそうさせるのだろう……折り紙に対する執着に、私は笑顔を返すしかない。

「そっか。じゃあ、折ろうな」

頷きつつ、折り目いっぱいの折り紙を、恭子ちゃんはもう一度広げた。

周りでは描いた富士山の絵に、既に思い思いに動物や星、花を折った折り紙を貼りつけている。男女で違うのは、折り紙にもデコレーションを施すところだろうか。色を塗った方がカッコいいとか、模様をつけようとか、こどもらしい個性を発揮していて、みんな楽しそうだ。

「……」

恭子ちゃんはといえば、喧噪から離れてひとりで黙々とクマを作り続けている。はっきり言って不器用ながら、しかしその努力は一級品だ。集中力は誰よりもあるだろう。

それでも、やはり難しいのか、その手は途中で止まってしまう。

「やっぱり手伝おうか？」

「やだ、これはひとりでやるの。先生はいいの！」

「そ、そっか……わかったよ」

恭子ちゃんはやっぱり頑なに、私の手助けを拒否する。

折り紙に触れる……制作物に直接関与されるのが嫌なのか、それ以外は素直に感謝してくれる恭子ちゃんはやがて、ようやくクマらしくなった折り紙を前に息をついた。

「……できた?」

「うん、できたね。上手いじゃないか。恭子ちゃんは折り紙得意なのかな?」

「ううん、でも……作れた」

嬉しそうに笑う彼女に、私は称賛も込めて笑みを返す。

作りあげることに、作ることを楽しめることに、意味がある。セラピーとはいえ、単純に楽しめれば勝ちだ。

さっきまで恭子ちゃんがいたテーブルを振り返って、私は腰をあげた。

「じゃあ、そのクマさん。富士山に貼りに行こうか?」

「……え?」

驚いたように声をあげる恭子ちゃん。

「どうかした? 貼るために作ってたんじゃないの?」

そう言うと、恭子ちゃんは少し考えるように間を置くと、ふるふると首を振る。

「ううん。富士山に貼るんじゃなくて……お母さんのために作ってたの」

「お母さんのため?」

「うん」

こくりと頷く恭子ちゃんは、それがさも普通のように笑う。

彼女は虐待の末にこの学園へとやってきた。母親からの暴力によって、である。身体中には青痣ができて、痛々しい姿であったはずなのに、母親から離されるその瞬間まで、恭子ちゃんは涙を流していた。思い出す別れの時は、そこまでされてなお、母親を求めるこどもの痛ましさ。そこには目を逸らしたくなってしまう切なさがあった。

殴られず、怒鳴られない学園での平穏を手に入れたとしても、それでも恭子ちゃんは母親を求めている。

どんなにストレス発散の対象とされても、母親を嫌いになることができずにいる。

「……そっか。偉いな。恭子ちゃんは」

私は恭子ちゃんの頭を撫でて、息をつく。

否定することは私にできない。大人の言葉は、親の言葉は、想像以上にこどもを傷つける。否定されてしまえば、一生をかけて否定された事柄ができなくなってしまうほどに。

恭子ちゃんは母親を愛している。

それがたとえ、一方的な愛情だったとしても、今はそれでいいのだろう。彼女にとって母親はひとりだ。父親もひとりだ。代わりになる者は多くとも、本物はひとりしかいない。

「じゃあ、もうひとつ作ろうか？」

「……え、でも」

「今のは、富士山の飾りのために作るはずだったものだからね。それは富士山に貼りつけて、これから、お母さんに送る用にもうひとつ作ろうよ」

「うん、いいよ……また作っても、いいんだよね？」

「ああ、いいよ」

渋るようにクマの折り紙を握りしめる恭子ちゃんは、それでもしっかりと返事をする。

席を立って、さっきまで描いていた富士山にクマを貼りつけると、一枚折り紙を取って、もう一度クマを折り始める。

「先生も手伝っていい？」

「それは、ダメ」

隣に座って訊くと、ぴしゃりと断る恭子ちゃんは、「でも」と続ける。

「一緒に作るのなら、いいよ？」

恭子ちゃんは折り紙を一枚差し出して、笑顔を作る。

「先生は何を作るの？」

「私はね……鶴かな」

貰った折り紙を手で遊ばせながら、昔、覚えた鶴を折り始めた。

久しく折り紙をしていないが、こどものころに覚えたことは忘れていないだろう。今度は私が試されている視線に、緊張しながら指先に集中する。

悲しい結果にならないよう、私は尽力する。どんな結果であれ、そこまでの経緯までつらいものであってほしくない。だから、否定しない。彼女を肯定して、間違いはちゃんと指摘して、受け入れてあげる。

指先を見つめている目に、少し心臓が高鳴った。

折り終わり、羽を開き、鶴の腹下からふうと空気を入れると、立派な鶴が生まれた。

「わあ、すごい。すごいね、わたしにも教えて!」

さっきまであった壁が崩れ落ち、距離が一気に詰まる。信頼関係の確認が少しできたみたいで、ホッとする。

具体的な共有作業を通して、「心のキャッチボール」を試みることが大事なのだと思う。

こうした経緯を若い職員が見ていた。

「園長先生、すごいですね」

「ああ、鶴を折れること? いやいや、大したことじゃないよ」

「いえ、折り紙を一緒にすることで、あの子の目の色が変わったので。言葉だけでは通じない関係性を変えるスキルを学んだ気がします。ありがとうございます」

感謝する彼は、颯爽と同じようにこどもたちの輪に入って、折り紙を折る。

周囲の意識が変わり、さっきよりもみんな楽しそうになっている。

こどもたちが欲しているのは、安心できる自分の居場所、環境である。

だがそれは、私だけの力だけでは足りない。

一緒に支えてくれる職員の力なくしては、こどもたちを正しく導いてあげることができない。

心血を注いで仕事をこなしてくれる職員には感謝してもしきれないものだ。

これからも、至誠学園が居場所に……私たちがこどもたちの心の拠り所となれるように、共に寄り添っていきたい。

CHAPTER 7

家庭的養育と里親制度への取り組み

施設養護から里親養育への法改正

平成二十九（二〇一七）年八月。

出張帰りの新幹線内のニューステロップに、「施設養護から里親養育へ」の文字が流れた。昨年の法改正に基づき、厚生労働省による「新たな社会的養育のビジョン」という提言が発表されたのである。

この手の福祉の話がニュースになるのは珍しいが、それほど一般的にも関心のある出来事だったといえる。

里親制度推進の養育家庭センターの設置は、養護施設の終焉ではないかと施設関係者の間でも話題になったのは昭和四十八年、東京都が要保護児童の増加から、里親制度の開発導入を考え、東京都独自の里親制度を立ち上げた時だった。当時東京都の里親委託率は全国でワースト二であった。

私もこの制度の具体化に委員として関係したが、成立までに約三年の時間が経過した。

そして、至誠学園にも里親支援をする養育家庭センターを併設した。

施設を拠点としてセンターを設け、ふたりのワーカーを配置。都内を四分割して約五百世帯の里親家庭での里親による養育をサポートした。

「虐待や貧困などで親と暮らせないこどもの受け皿を、就学前のこどもの場合は七十五％以上、就学後は五十％を里親に委託する」という新たな数値目標は、新聞各社でも比較的大きな記事として取りあげられた。

六歳までの子は原則として、里親が養育する……小さな子には施設は不要、乳児院が要らないということになるとまで囁かれた。

養護施設に求められる役目は、いつも社会の変容に合わせて形を変えていく。

昭和二十二（一九四七）年、戦後新憲法の下、すべてのこどもの福祉を対象として児童福祉法が提唱されたが、まずは戦災孤児の保護が目的だった。

時代が移り替わり、貧困が原因で施設を頼らざるを得ないこどもたちが増えた。

今や親がいても育てられないのである。貧困、育児放棄《ネグレクト》、虐待を受けるこどもたちをサポートする必要が出てきてからは、さらに施設を頼るこどもが多様化した。

平成二十八（二〇一六）年、児童福祉法が改正され、「虐待を受けたこどもや何らかの事情で実の親が育てられない子を含め、すべてのこどもたちの育ちを保証する」と改めて定められた。

実親による養育が困難であれば、特別養子縁組による永続的解決や里親による養育を推進していこうと国会において全会一致で可決されたものである。

わが国の社会的養育の歴史上、画期的なことだった。

平成十六（二〇〇四）年十月、改正児童虐待防止法の施行により、通告対象の範囲が「虐待を受けたこども」から「虐待を受けたと思われるこども」に拡大された。

社会を騒がすような痛ましい児童虐待に関する事件がいくつか報道されたこともあり、一般の人々にも児童虐待についての認識や理解の高まりが見られるようになったように思えるのもこの時期だ。

児童相談所への相談や通告は増えていったが、受け入れ側の体勢が整っているかといえばそうでもなかった。

こどもたちを一時的に預かる施設が足りない。

保育園や幼稚園が足りないように、養護施設の数も圧倒的に足りなくなってきたのである。一時保護所は定員オーバーになっているのも事実だ。

こういうことが背景にあり、新たな社会的養育ビジョンが登場することになった。

社会的養育といえども、できるだけ家庭に近い環境のなかでこどもを育てていく。これは理想ではあるが、こどもたち一人ひとりの状況は異なる。一律にはいくはずもない。養護施設の現状は、労働基準法や消防法など、各種法律に縛られているなかで、職員たちや専門家たちが仕事をしている。

こどもの二十四時間の生活保障は、だんだん難しくなってきたと思う。大舎制の大規模施設から、小規模の施設へと。さらに地域に分散した六名位の定員のグループホームへと。さらには、里親に代行させる。

そうしたなかで、特別養子縁組についてはそれまでの年間成立件数を倍増させ、一〇〇〇件を目標とするというのが国の考え方だが、問題は山積していた。

欧米では、既に大規模な施設を廃止してグループホームや里親による養育が始まっていた。

アメリカ研修でそれを見習い、施設の形を作り上げて国に何度も提言を行ってきた。

アメリカの児童養護は、八五%が里親制度で成り立っていると言われている。

白人も黒人も、アジアのこどもでさえ、児童相談所や裁判所の指導を受けて何人も施設から引き取って育てている人がたくさんいる。

日本では、特別養子縁組を望む家庭が少しずつ増えてきている。しかし、里親になってくれる家庭が少ないのが現状だ。国民性の違いだろう。

こどもの養育はまず親の責任、次は地域が支えて、最後は国が施設を作って責任を持つべき、というのが日本の考え方である。アメリカでは社会が広すぎて、国の力は追いつかない。民間の力で、教会が中心となって地域の福祉活動をやってきた。ボランティアの精神の発達がそもそも違うのだろう。

アメリカでの研修中、行政のソーシャルワーカーが案内してくれた里親家庭では、養子縁組した日本のこどもも養育されていた。初めてフォスターホーム（里親家庭）を目の当たりにした時は衝撃的だった。

その後、私は厚生省（当時）の研修などで、何度か欧米やアジアの福祉施設、社会的養育の在り方を視察する機会があった。

そこで学んだひとつが、カナダやイギリス、アメリカのきちんと整った里親制度であり、アジアの各途上国の支援養護施設による実践であった。

昭和四十八年。

東京都では、美濃部《みのべ》亮吉《りょうきち》都知事の時代の新たな社会的養護として独自の里親制度が始まった。

児童福祉審議会の答申を受けて、その立ちあげに私たちは関わっている。いよいよ日本も里親の時代になるんだな、としみじみと感じ入ったのを憶えている。

アメリカで学んだことをベースに東京独自の養育里親センターを作った。里親を希望する人たちを支援し、どの子を家庭に紹介するのか、マッチング、児童相談所の配下でコーディネートをし、こどもへの支援の仕方や里親家庭への助言など、民間の施設である我々が行うまでしていたのだ。

その背景には、東京都の里親委託率が日本中でワースト二の低さだった時代があることだ。

養護施設の数が多かった、ということもあげられるが、乳幼児の入所希望が増え、施設の増設が難しくなってきた現状があり、里親に養育を託す東京都の施策でもあったわけである。

しかし、平成十四（二〇〇二）年、専門里親、親族里親の制度ができたが、それまで我々里親センターでしてきたことは公の仕事であるとの行政の判断から、国や行政の仕事となった。

今では民間で行うのではなく、児童相談所の仕事として統合され、理由が明らかにされないままに廃止されたのは残念な事である。再開の希望が里親の方々より今日でも求められている。

里親制度とは、家庭での養育が受けられなくなったこどもたちに、家庭と同じような環境で養育を提供する制度だ。制度は異なるが、ひとつの家に五~六人のこどもたちが生活する至誠学園のグループホームも里親型の形態だと思う。

児童養護施設と同じように十八歳までの措置制度により、委ねられると認定された里親には里親手当て、児童には養育費が国から措置費として支給され、その他寄付金などの援助、各種免除が受けられる。

もうひとつ、特別養子縁組という仕組みもある。

これは実親が育てられない六歳未満の子と、こどもを望む夫婦が法的に親子となる制度で、戸籍上も実子として記される。

ただし、里親制度とは違い、措置費の公的な財産支援はない。

私は長い間、審議会の里親選定委員も務めてきた。

私たちが取り組んでいた間では、三百件くらいの里親を成立させた。

そのなかで、また他の里親を希望した人たちの傾向は結構、偏っているように見える。

実子に恵まれないので代わりとなるこどもがほしい、家業や家の跡継ぎがほしい、自分たちの老後を見てもらいたいなど、これらの理由を持つ希望者の多くは、養育経験のない人だ。

またそういった人たちほど、年齢の若い、小さな子の方が育てやすいと思い、就学前の子を求めるケースが多い。

自分のこどもを育てるのも大変なのに、頭で思うほど楽であるはずがない。

そうした理想と現実のギャップに悩む里親を支えるために、今までは養育サポートセンターが様々な支援をしてきた。

小学生、中学生となった里子たちの過去の心の傷をどう癒していくか。精神面でのケア、治療的な仕事や里親をサポートする体制の構築……それらは制度が変わったことで、児童相談所の仕事となった。

こうしたしわ寄せのような形で仕事が一手に集められると、民間の我々がやってきたように、かゆいところまで手が届くような精細な支援はできていないのが実情である。

なぜ里親制度の普及は進まないのか。

至誠学園でも里親制度を取り入れ、こどもたちの養育に力を貸してもらっているが、前にも述べたが実際には里親を転々として、結局学園に戻ってきてしまう子もいる。

その子なりに心を決めて里親家庭で暮らし始めたはずだが、つらいことがないとは言い切れない。ちょっとしたことでぶつかって、飛び出してしまったり、反抗的な態度を取ったりしてしまうことは、やむを得ないことだろうと私は思う。

しかしそれは、普通の親子の諍《いさか》いとは少し違う。里親は他人の家族も同然だ。それを自分の家族として受け入れ、互いに歩み寄っていかなくてはいけない距離が存在する場合において、小さな諍いはその歩みを止めるのである。一度歩みが止まってしまえば、次の一歩はさらなる勇気が必要だ。里親から戻ってきてしまった子は、皆そうした壁に突き当たってしまったのだ。誰が悪いというわけじゃない。

家族を作るというのは、そうした課題が常につきまとうのである。

とはいえ、現実はそうしたケースばかりでもない。

学園にいた子のなかで、五歳から十八歳までの十三年間、里親に育てられた子がいる。実の子のように接してもらったうえに、その後養子縁組が成立し、最終的には戸籍上も親子になった例があった。

このように成功したケースは、里親さんの人柄の良さや寛容な心、努力によるものだけではない。常にケースワーカーが里親さんやこどものサポートをし、相談相手になってくれた背景がある。

いろいろな理由で実親のもとで暮らせないこどもたちがいて、こどもを求める里親がいる。前述のように、どちらも家庭に対する思いがあっても、寄り添い合わなければ家族にはなれない。

里子として学園を出れば、私たちができるのは見守ることぐらいだけ。

だからこそ、どんな結果に辿り着いたとしても見届けてあげる責任が私たちにはある。

こどもの気持ちを大切にする

制度上、児童相談所の考えでこどもの行き先を決めて数月の後引きとられていくが、こども自身の気持ちの整理が後まわしかもしれない。

小学生になる前に、養子縁組が成立したれいこは立川から程遠い地で暮らすこととなった。

れいこの養子縁組が決まった時、担当していた保母と私は養子縁組家庭に連れていった。養父母とれいこは何回か共に遊びに出かけたり、泊まりにいったりして関係ができていた。しかし、今日が別れという日、それを悟ったのか、私たちが帰るタクシーを泣きながら追ってきた。

しばらくして、二年くらい経ったころにれいこは学園を訪れた。電車を乗り継ぎひとりで帰ってきたのである。

「どうしたの、れいこちゃん？　何かあったか？」

「えっ、あと……えっと」

スカートの裾を小さな手で掴むれいこは、口をもごもごとさせる。

何か言いたいことはあるのだろうが、言いにくそうにして目も合わせてくれない。

「じゃあ、ちょっと部屋に行って休もうか。疲れたよね、おかしでも食べよう」

主任の職員がれいこをホームの部屋に連れていった。彼女と仲が良かった子がいるグループホームだ。気が許せる友達、家族がいれば、落ち着いて話せるようになるかもしれない。

その後、私はれいこを引き取った養母に連絡をした。そのご夫婦は、地元の名士で穏やかな人柄だった。裕福な環境だし、とてもかわいがられて不自由なく暮らせていたはずだ。

部屋に迎えに来る養母と顔を合わせるれいこは、視線を落として私を見る。

主任がいろいろと話を聴いて本人の心の中を理解した後のこと。

何か言いたげなその表情に、「うん大丈夫だよ」と目で伝えながらも、彼女の無言の訴えを理解できないまま、私はその時、れいこを送り出していた。

それからというもの、れいこは何度も学園を訪ねてきた。理由を訊こうとしても、会話が苦手な彼女は口をもごもごとさせるだけ。苦手を理由にしてしまうと、いつまでも成長はできない。しかし、無理強いすればこころを閉ざしてしまうのが分かっているからこそ、いじらしさは日に日に増した。

ある時、ひとりで事務所に来たれいこは私を見あげた。

「どうしたの？　何かあった？」

「……ううん」

声をかけても、れいこは首を振るだけだ。

ただ傍に来てみただけの猫のように、れいこはちょこんとソファに腰かけて静かに時計を見つめていた。

学園に戻ってきて、養母が迎えに来る。今日の迎えは、あと十分もないほどだった。いつもは時間を忘れて友達と遊んでいるのに、今日はどういう気分なのだろう。

「せんせ」

れいこが呼ぶ。

それに応えて私が目を向けると、しかし彼女の視線は時計に向かったままだった。

「せんせ……私、ね……私」

口にしようとしたのは、あの日、最初に学園に戻ってきてしまった時の言葉だろうか。

小さな胸に大きく息を吸って、れいこは私を見る。

その瞳に不安の色はない。不満も、怒りも、悲しみさえもない。

けれど、彼女は切実に何かを訴えていた。

「気づいて」と瞳に語りかけてくる。

「……」

だが、私は口にできない。

彼女が気づいてほしいその気持ちに、私は応えられない。

「言ってごらん、れいこちゃん。自分の口で言わなきゃ、分からないよ」

だから促した。

彼女の言葉を引き出すだけなら、気持ちに応えることにならないと思って。

「……せんせ」

もう一度、時計を見るれいこは「お迎えが来ちゃうね」と、ソファの上で浮いた足をぶらぶらとさせる。外で車が停まったような音が聞こえた。

れいこはソファを降りる。ここから逃げ出してやろうと考える悪戯っ子のように笑ってくれれば、どれだけよかったか。

「ねえ……せんせ？」

少し潤んだ瞳で、ちょっとだけ笑みを浮かべる。

ぎこちない表情をするれいこは、一度目を逸らすと後ろ手を結んでいた。

れいこは言う。

「あのね……学園の子がいい、って言ったら……怒る？」

「……」

事務所の呼び鈴が鳴る。

迎えを知らせる里親の呼び声も一緒に、玄関扉が開く音がした。職員が通したのだろう。

廊下を歩く音がやけに大きく聞こえたのは、この時だけだと思う。

「……そうか」

私には何も答えられなかった。

こんなことを言う胸の内には、今までにどんな葛藤があったのだろうか。

想像に難い少女の胸は、小さく上下しているだけで真相は明かしてくれない。

「れいこちゃん！」

事務所に入る養母がれいこを見つけた瞬間、彼女の名を呼んで手招きする。私を一度見て
それに応じるれいこは、笑顔を浮かべていた。

養父母との関係は良好に見える。ましてや、学園に戻ってきてしまうどんな子よりも健全に見える。彼女は前々からここに帰りたいと考えていたのだろうか。

「少しお話があるのですが、いいですか?」

こどもには親がいた方がいい。

できる限り距離の近い、大人がいた方がいい。家族とはそういうものだ。将来、自分が作る家庭のもとになるだろうそれを、ないがしろにしたこども時代は過ごしてほしくない。

だから養護施設がある。児童相談所がある。里親制度がある。

けれども、最後にはこども自身が決めるのだ。

自分の居場所は、自分しか作ることができない。我慢しなくてはいけない居場所は窮屈で、安らぎなんてないものじゃないか。

「実はですね……」

私はれいこを含めて、ソファに座ってもらった養母に経緯を話した。

これまでのこと、これからのこと。れいこの胸の内はすべて語られることはなかったが、学園にいたい思いだけは伝わったのだと思う。

「……わかりました。夫にも、話してみます」

「よろしくお願いします。勝手なものとは承知しておりますが、しばらく様子を見てみましょう」

「いいえ、れいこちゃんの考えなのでしょう？　だとしたら、私たちが怒るのは理不尽ですね。悲しいけれど、夫も理解してくれるわ」

そう言って最後にれいこを抱きしめると、養母は帰っていった。

その後、養父母との養子縁組は解消され、れいこは学園の子に戻った。

相変わらず口数は少ないが、友達と遊んでいる時は楽しそうに笑い声をあげている。

「れいこちゃーん」

外で遊ぶ彼女を呼ぶ声は、以前の養父母だった。

彼らは時折、れいこに会いに学園に遊びに来る。れいこも面会を喜び、一緒に買い物に出かけることもあった。

良い関係は続いている。

しかし、れいこにとって、それと親子になることは別問題だったのだろう。

養子縁組しても学園はこどもたちの心のふるさと

夏休み、友達を連れてふらっと学園に遊びに来た子がいる。

就学前に養子縁組が成立し、新しい家庭で高校生まで育ったまさこだ。

「恋しくなったか、ここが」

「うーん、そうでもないよ。ちょっと気分で寄っただけだし」

そう言った彼女は、友達を連れていた。

ぺこりと頭を下げる大人しそうな友達に笑みを向けると、まさこは私に振り返った。

「ちょっと学園を見て回ってもいい？　懐かしくなっちゃって」

「親御さんにはちゃんと言ってきたのか？」

「ううん。友達と東京に遊びに行くって言っただけ。ここに来るなんていちいち言わなくてもいいでしょ」

「まあ、確かに」

「じゃあ、そういうことで。少ししたら帰るからさ。先生はのんびりしててよ」

「お、おい！」

手をひらひらと振って、まさこは友達を連れて学園の散策に出かけてしまう。

呼び止める声も聞かず、飄々とした彼女と違って、「いいの？　悪くない？」と微かに聞こえた友達の声は、少なくとも悪い友達と付き合っているわけじゃないようで安心できるものだった。

「なんだかな……」

「女の子って、いつの間にか成長するものですよ、園長」

近くにいた職員が、さも嬉しそうに顔を寄せてくる。

「あの年ごろは特に、です。数年振りに見た孫がギャルになってて、驚いたおじいちゃんみたいな顔してますよ」

「そこまで老け込んでないわ」

「冗談です」なんて笑って誤魔化すように席を離れる職員も、大して歳は変わらない。つい、鏡を見て自分の顔を確認すると、しわは少し増えたような気がした。

「気が滅入るな……まったく」

その後、嵐のように現れたまさこは、私に何を言うでもなく友達と共に去っていた。

もの悲しさがあるなか、学園に遊びに来た彼女の気まぐれは、本当に気まぐれだったのかと疑ってしまう心が私にはあった。

養子縁組や里親に出して、学園に戻ってきてしまう子はいる。

陽を浴びるこどもたちの洗濯物。

セラピールームにあるぬいぐるみ。

幸せだとしても、不幸せになってしまったとしても、戻ってくる子は戻ってきてしまう。まさこもそうした子たちと同じなのでは、と考えたら、何か相談でもしたかったんじゃなかろうかとさえ思えてくる。

大切なのは、里親さんとの共感関係である。共にこの子を育てていこうという信頼関係があれば、こどもに変化があってもこどもはその環境の中で育っていくのだと思う。

その後、そうした思いは杞憂であったことが知らされた。

学園に来たことをまさこは養母に話したのだという。大した理由でもなく、ただ立ち寄っただけ……私に話した内容と同じ、なんの変哲もないただの気まぐれだった。

血がつながらない子を育てていると、特別にいろいろな問題が起こるというわけでもない。自分の子でも子育ては大変だ。

どんな親子でも様々なことが起こる。とはいえ、腹を痛めた子でもないから、こういう問題が起こってしまうのではないかという疑念を捨てるのは難しいだろう。そうした疑念は子にも生じているもので、解消するには時間が必要だ。

養護施設のこどもたちはみんな、社会のこどもだと思っている。里親に出したあともそうだ。共有してきた時間に限りはあれど、その時間がなかったことには決してならない。

「また遊びに来たよ、先生！」

だからこそ、心配や不安に思ってしまう親心は一生胸に残り続けるのだろう。

養父母となることに迷い悩むことは多いだろうが、こどもたちを信じることで、切り拓かれる部分はある。

「遊びに行きますのでよろしく」

「いま帰りましたので、お知らせします」

「お世話になりました」

共に成長を見守っていく関係のなかで生きる力をこどもは養っていくのだと思う。

そうした未来を作っていく術を、私たちはみんなに伝え、一緒に学んでいきたい。

養子縁組を解消しても親子の絆が深まる

日本の養子縁組には、特に難しい問題がある。

Aさん夫婦は地方都市に住む由緒ある家系の跡取りだ。こどもに恵まれず、養子を迎えることを考えた彼らは、一年以上至誠学園に通ってきていた。

こどもたちと触れ合いながら、心構えなどを学ぶ講習を受けていたのだ。

やがて、生後間もなく学園に預けられた男の子、ユースケを実子としてAさん夫妻は迎えることになった。


ユースケは大切に育てられ、すくすくと元気に育った。

家族揃って山や海に遊びに行く微笑ましい姿もその地域ではよく知られていて、仲良し親子との評判だった。

「もらいっ子だわ、あの子」

「ほんとだ、もらいっ子」

時には興味本位なのか、ただのやっかみなのか、「もらいっ子」と指差す人もいた。けれども夫婦はこどもにも、周りの人にもその事実を隠すことはしなかった。

だからなんなのだろうか、と。

そうした親の背を見るこどもは、同じように育っていくものだ。

「生んでくれたお母さんは別にいるけど、僕のお父さんとお母さんは、今一緒に住んでる人だよ。それの何が悪いの?」

「いや、何が悪いって……そりゃ」

「お前、本当の子じゃないじゃん！」

「だから、なんなの？」

陰口を言ったり、からかったりする悪ガキに対して、本人はそれがさも普通というように返す。彼らは弱みを握ったとばかりに思っていたはずだ。それ以上は何も言えず、大きなトラブルに発展することは一度もなかった。

本人も養夫母も堂々と「これが私たちの親子の関係だ」と明言できるのは誰から見てもかっこよく映る。そんな彼らを貶す側は、とても恥ずかしいことをしていると自覚させられたかのように、尻尾を巻いて逃げるのが大半だった。


ところが、事件はそうした幸せの最中に起こるものである。

都内の大学に通っていたユースケが二十歳のころ、養父が事故死してしまったのである。

その地域では代々多くの不動産を持っていたことで、遺産相続の話になった時に遠い親戚からいちゃもんがついた。

莫大な遺産の過半数を妻、その残りをこどもが相続する。

基本的な相続の配分だが、しかし血のつながっていない養子であるユースケに、その莫大な遺産がいくのは許せないとのたまうのである。

親子の話であるのに、血を分けた親族というだけで、話に入ってくるのは滅茶苦茶な話である。しかし、養母は嫁に来た身であるがゆえに強く立ち向かうこともできなかった。

「……ユースケ、本当にいいの？」

書面を前に、養母はユースケに問う。

それは養子縁組を解消する書類だった。母の前にあるのは、あとは判子を押せば提出が可能な代物になる。

このままでは親族間の争いが起きる。そう判断した養母は、避けるための案を模索した。書面上とはいえ、極端な手に出るしかない己を恨みつつ、対面のユースケを見る。

彼は朗らかな笑みを浮かべた。

「大学までお金を出してもらったんだ。僕はこれ以上、望まないよ」

「……ユースケ」

「争うぐらいなら、持ってない方がいい。そうでしょ？　母さん」

養母の目に涙が溢れたのは、自分に対する悔しさからだ。

こどもにここまで言わせてしまう親がいていいものか。堂々と立ち向かうべきではと思っても、しかしそれではユースケを巻き込むことになりかねないし、彼の思いを踏みにじることにもなる。

自分だけが犠牲になるならなんだってしてもいい。

だが、こどもにまで危害が及ぶのであれば話は別だ。「大丈夫だから」と言うユースケに背中を押され、その日、養子縁組は解消された。

その後、ユースケと養母の関係は以前と変わることはなかった。

養母はユースケと共に故郷を離れ、高級マンションを購入。今でも仲良く一緒に暮らしている。

戸籍も、名字の違いも関係ない。親子の絆に形だけのものは必要ないのである。

本当のことを伝える難しさ

理想的な話があれば、その逆もある。

養子縁組で巡り合った親子であることを、徹底的に隠してきた夫婦がいた。

実親がいない赤ちゃんを自分たちが産んだ子として育てていきたいと養子縁組を成立さ

せ、新天地に転居し、初めからこどものいる家族として暮らしてきたという。

「あら、そんなにお腹が大きかったの？　知らなかった。まさかねぇ？」

「いつの間にこどもを産んだのかしら。つい一カ月前まではお腹は平たかったじゃない」

などという、余計な噂を避けたかったためだ。

血液型まで配慮し、偶然戸籍を見て、実子でないことを本人が知ってしまうことがないように、と気を配って、大切に育ててきた。

それでも、いつか気づいてしまうものだ。

自分であったり、事情を知る者からであったり。この子の場合は、完全に後者だった。

「お前は本当の子じゃないんだ」

「もらわれてきた子なんだよ」

心ない噂話に動揺したその子は、親子関係に亀裂を生じてしまった。

思春期の多感な年代。

大抵の子は親に反抗し、口もきかなくなる。親は親離れしていくこどもに悩み、寂しさを感じても、自らも子離れを経験して乗り越えていく。

どんな親子でも通る道だ。

しかしこの親子にいたっては、実の子ではないという引け目の強さが表に出て、こどもの揺れる気持ちを包み込んであげられなかった。

それまで微塵も疑わず、本当の親子だと信じていたこどもにとって、それは裏切られたにも等しい心的ストレスが大きな波になって襲ったに違いない。

呑み込まれてしまった彼は、混乱し、失望し、やがて……自ら命を絶ってしまった。あってはならないケースだ。迎えるべきでない家族の末路だ。

養子縁組である事実は、隠す必要がないだろう。

時期を見て、こどもには親の口から直接、本当のことを伝えるべきなのである。

家族は一生の宝だ。輝きをくすませることなく大切にし続けるには、それなりの努力と、勇気が必要なのである。

真実を知った時、こどもの反応はそれぞれだろう。

「今までなぜ黙っていたのか」と憤るかもしれない。

「大切に育ててくれてありがとう」と感謝してくれるかもしれない。

しかし、その感情の差はあれど、「本当のことを話してくれてありがとう」と最終的には事実に向き合うことができる親子関係を築けることが今後の期待であり、目標である。

アメリカへ渡ったこどもからの電話

随分と前のことだが、アメリカの家庭の養子になった女の子がいた。

渡米したのは三歳の時。

それ以来、海外での生活にすっかり溶け込んで幸せに暮らしていたが、ある日、六十歳になった本人から、学園に国際電話がかかってきた。

その当時を知っている職員はもういなかったが、たまたま私が電話を取って懐かしい時代の話をすることができた。

彼女は日本から来たこどもということを隠すことなく、養父母に大切に育てられたのだという。周りの人たちからもかわいがられ、自由な土地柄のおかげかもしれないが、特に卑下することなく日本人というアイデンティティも失うことなく成長できたらしい。

大学も出て、職業にも良縁にも恵まれた彼女は、こどもが三人、孫は五人もできたという。しかし幸せな日々を送るなかで小さな疑問があったらしい。

「この歳になって初めて、自分のルーツが知りたいと思っちゃったんだよ」

「ルーツ？　生まれ故郷のことか？」

「そう。日本。至誠学園のこと。まったく憶えてないんだけど、でも、だからこそ知りたいんだ。父さんと母さんにはよく聞かされたから」

自分が今幸せだからこそ、どんなところで生まれて、どんな人たちに助けられてアメリカに渡ったのか。

普通の家庭で育った人でも、ある程度の年齢になれば祖父母の先の先祖、家系のことが知りたくなるものだろうと私は思う。特別なことではない。

私と彼女はその後、何度か電話のやり取りをするなかで、日本のこと、立川のこと、至誠学園のことについて話した。

懐かしむように相槌を打つ彼女は、しかし当時のことは憶えていない。けれどもきっと、彼女にとっての故郷がここであることは、心にしっかりと刻み込まれているのではないか……勝手な妄想だが、そんなふうに私は感じた。

ホテル家族・コンビニエンスチルドレン・かぎっ子の出現

私は施設のこどもたちと生活を共にしつつ、家族とは何かを模索してきた。時代と共に変化する家族像に気づいたのは一九八〇年ごろからだった。

「これからは、あなたたちを一番には世話ができないのよ」と母に言われた時、学園のこどもたちに親を取られたように感じた。

しかし、学園の営みが始まるにつれて、これは大きな家族なのだ。甘え、社会性、躾、個性、価値観、相互理解といったことを教える教育集団であるのだと考えるようになった。

親の責任が損なわれた時は、養護施設は親・家族の代わりにその役割を果たすと考えるのだろうかと悩み出したころ、当時、大正大学教授の村瀬嘉代子《むらせかよこ》先生にお会いした。

家庭とは何か、養護施設が家庭的養護を目指すと言われるが、何がそうさせるのか、学園の大人とこども、研究者でその解明をしてみよう、そして本にしてみたらと考えた。

そこで、児童養護施設における心理援助の内容で『子どもの福祉とこころ』を執筆して、村瀬嘉代子先生に監修してもらった。

次にこの本に掲載された監修者村瀬嘉代子先生の文章の一部を抜粋して紹介する。

『子どもの福祉とこころ　児童養護施設における心理援助』

監修 村瀬嘉代子／著 高橋利一（新曜社）

家族論は当然ながら成人の視点で論じられてきましたが、この社会の構成員である、とりわけ次の時代を担っていく子どもたちが、家族についてどのようなイメージを抱いているのか、それを直接、子どもたちの声を聴くという方法で知りたい、それを参考にしながら、人間のこころの成り立ちと成長、さらにはこころの傷の治療にとって家族のもつ意味を考えたい、と私は思い至りました。この調査研究は家族と共に生活している就学前の幼児・小学生・中学生・高校生・大学生を対象として出発しましたが、結果はさまざまな角度から非常に多くのことを考えさせられるものでした。予想どおり、いや予想以上に、子どもたちは自分の家族や生き方について、見かけよりも真剣に考えていること、家族イメージと適応状態との密接な関連、そして子どもたちが「真剣に聴き入ってもらう経験」を求めていることなどが明らかになりました（村瀬嘉代子『よみがえる親と子』岩波書店 一九九六年）。この結果から、家族のなかで教育されることができない諸々の事情のある子どもたちは、なにを拠り所として成長していけるのか、また、家族の不備を補ったり、家族に代わって養育する、しかも子どもの傷ついたこころを癒し、育ち直りを援助するには、どういうことが求められているのかを直接養護施設の子どもたちに会って学びたい、と考えました。そして、この本の編集でいらっしゃる高橋利一先生をお訪ねすることになったのです。

家族に恵まれない子どもたちに対して、そのことをテーマにして話を聴く、これはひとつ間違えば、子どものこころの傷をさらに深めたり、傷に塩をぬるようなことになりかねません。真摯に素直に本当に聴き入ることができるか、「つらいようでもあったが話してよかった」と後で思ってもらえるように運べるか、これは聞き手である自分自身が問われることでした。そして、こういう調査を施行することを園長として許可する、ということもたいへん難しい問題です。初対面の高橋先生は静かに熟考されてから、「養護施設で育つ子どもにとって、家族をどう受けとめていくかは基本的問題です。大切なことなのに、いままでこういう調査はありませんでした。必要なことです」と許可してくださいました。このお気持ちに応えることができるだろうか、と身が引き締まりました。

ある日の夕食時、食堂に学園生六十人あまりと職員が集まった場で、高橋先生は調査のあらましの主旨を説明し、私を紹介してくださいました。皆と一緒に夕食を戴きながら、私は自分で発案しながらも、子どもたちに話を聴いて本当によいのだろうか、子どもたちと素直にやりとりが進められるのだろうか、と内心こころもとなく迷っていました。

食事が終わる頃、小学校低学年と思しき男の子が「ねえ、馬跳びしたことある?」と、そっと近寄ってきて訊ねました。一瞬、タイムマシンに乗った気分で、遠いむかし馬跳びを楽しんだ感覚がよみがえり「あるわ!」と私は叫んでいました。「よし、馬になってよ!」「ハイ」。私は小腰をかがめると、その子は部屋の向こうから走ってきて私を跳び越しました。「ボクも」「じゃ、跳ぶよ」、つぎつぎと子どもたちは走ってきて跳びました。私はどの子もその子なりに精一杯がんばってそれで跳び越せるようにと、次に走ってくる子の体の大きさに合わせて、小さな馬になったり、大きな馬になったりしました。就学前の子どもから小学校高学年の子どもまで参加していたように思います。ひとしきり跳んでから子どもたちは、「今度また来る?」「ほんとだよ」と問いかけてきました。子どもたちが私を掴まえてくれたのです。「遊んだり、宿題のお手伝いするわ」と私は答えていました。

土曜日、日曜日、平日の夕方、足繁く学園(養護施設)へ通いました。戸外でのボール遊び、ゲームや勉強のお手伝い、アイロンかけ、縫い物、お掃除などを、子どもたちと一緒にしました。調査面接は、こういう日常生活場面を共にすることを通して自然に話題のなかに質問項目が含まれていく、という具合に進めました。「ムラおばさん」と呼ばれ、子どもたちのほうから問わず語りに、さまざまなことが語られ、はっとさせられるような本質的なことを問われることもしばしばでした。

この子どもたちとのやりとりを通して、虐待されたり、遺棄されたりしてこころが傷つき、行動上の問題は呈しているけれども、子どもたちのこころの底には「自分も持てる力を表現したい、そして相応に人に認められたい、分かち合いたい」という気持が密やかに息づいていることに触れました。子どもに潜んでいる力をいかに見出し、それを引き出し伸ばすか、そのことに重要性を再認したのです。

一方、施設の職員の方々は、制度上の勤務時間を超えて、子どもたちの求めることに応えようと努力されていて、頭が下がりました。夜間、脅えて寝つけない子どもの枕元で一晩じゅう手を握って側にいてあげたり、夏や冬の休暇中、外泊先がなくずっと学園に残る子どもたちのために、御自身の休暇をさいて遊園地や映画へ連れていかれるなど……、こういう心配りの例は枚挙にいとまがありません。

調査を終えて私は、ほんのささやかなことですが、夏や春の休暇に学園の子どもたちを我が家へ招くことを始めました。子どもは、状況によっていろいろ違った側面を見せてくれます。

CHAPTER 8

十八歳で自立するこどもたちを支援する制度ではなく、社会のまごころとして

十八歳で自立するこどもたちを支援する制度ではなく、社会のまごころとして

リーチ奨学育英会の立ちあげ

今、私たちが取り組まなくてはならないことがある。

それは、十八歳で学園を出たこどもたちに対して、実家的サロンとコレクティブハウスの実現でいかに寄り添い、どうケアしていくかだ。

大学に進学しても、ひとりでアパート暮らしをしなくてはならない現実がある。この子の身にこれからどんなことが起きるか、私たちには想像もつかないが、挫折し、退学し、職を転々として結局音信不通になってしまうこどもも確かにいるのだ。

また、お金の問題もある。

今はサポートをしてくださる方たちの力、寄付に頼るしかないのが実情だ。

私自身が個人的に支えているこどももいて、学費だけでなく、アパートを借りる時の連帯保証人になることだってある。

伴走する四年間、それ以降の年月も私たちの力が必要なのは言うまでもない。

つい最近、かねてからの夢だった高校を卒業し、大学や専門学校に入学するこどもが共同で生活できる、コレクティブハウスのような場所を作った。

施設を卒業した十八歳以降のこどもたちが、専門学校や大学に通う間だけでも住むことができるような場所、時にはシェルターのように、実家のように、いつでも相談しに寄ることができる場所を確保したい、そういう私の長年の思いを叶えた場所でもある。

妻が相続した実家をリフォームして、いつでも訪ねて来たり勉強したりできるサロンを作った。

ただそれは、多くは自力で生活してもらう自助努力を支援する実家であり、施設の延長ではない。訪ねて来た子に好みの食事を作ってもてなし会話を楽しむ妻の姿は、実家に帰ってきた息子や嫁たち家族を迎えているのと同じように、こどもたちに接している。

前述した通り、社会的養護を受けたこどもたちがいかに自立していくか。また、いかに自立支援をしていかなくてはいけないのかが大きな課題であると思っている。

施設さえあればアフターケアになるわけではない。そこにいる大人が、あるいは仲間が過去の連鎖を乗り越えていこうとするこどもらの力をどのように支えていくかが大事だ。一般家庭も崩壊している時代、モデルとなるようなものが見えにくくなっているこの先において、彼らがどう自立していくのか、支えていかなければならない。

彼らが安心して羽ばたいていけるその最後の羽休めの地として、しっかりと学び、飛び立つための準備を整える場として、今後も活用してもらいたい場所だ。

「至誠大空の家」。
上：18才以上のこどもたちが自立して生活する家。男女それぞれ2つのホーム（ユニット）に分かれ、各ホームには4つの個室と2つのふたり部屋がある。
中：玄関入口。1階には地域活動に使えるホールや親子訓練室、心理療法室がある。
下：建物の前に広がる畑。ここで季節の野菜をみんなで育て、収穫して、毎日の食事で食べている。

高卒で就職して、望んだ仕事ではないとすぐに辞めてしまう子が増えている。必ずしも自分で望んだ仕事に就けるとは限らない。だからといって、すぐに辞めるべきか……。ただ、辞める際は我々の誰かに相談してくれればと毎回のように思う。

自分の頭のなかだけで周辺にいる人たちの誘いに乗って転職していく多くのケースは、高時給やうまい話に釣られがちで、保証などを考えて選んだ仕事とはどうしても思えないのだ。

どんな家庭でも親元にいれば、親の手前、勝手に転職を繰り返すこともできないだろう。学園を出たこどもたちには、きちんとした助言ができる人がそばにいない。だからうまい話に誘われればついていってしまうし、その果てで足を引っ張られて落ちていく先読みができない。

そのため、私は卒園したこどもたちの相談に乗ってあげられるようなシステムも是非、構築していきたいと考えている。

実際に、施設のこどもで専門学校を含めた大学進学率は一割強しかない。望む子にはもっと大学進学を後押ししたいと思う。

学費やアパート代は奨学金と称して貸す。ちゃんと戻ってこないことが多いが、そのこどもが求めることが実現できるように助けてあげたい。

資金援助だけでなく、そのこどもの肉親のおじさん、おばさんのように四年間付き合う。私たち夫婦は、何人もの親代わりをして、こどもたちを世に送り出し続けている。

それでも、四年間というのは結構長いし、大変だ。

特に育児放棄《ネグレクト》で親から放置されていたようなこどもには是非、大学に行かせてあげたい。見返りを期待しないで応援して、何があっても味方になれる親子の関係を経験させてあげて大人との信頼関係を築き、大学の四年間でその後の生き方、自分の道を探してもらいたいのである。

高卒でちゃんとやっていくこどもはもちろんいる。

しかし、大学在学中、悩んだり迷ったり、ほめられたりしながら同世代の仲間たちのなかでもがく経験はとても貴重だ。

親がいないとか、施設育ちだとかいう引け目を感じることなどない。大学生同士はみんな同じなのである。

大学生活は大きな力になるし、施設にいる小さなこどもたちの憧れにもなる。

動物の看護師になりたい子がいた。

その子はアウトドアが好きで、ガールスカウトの活動も熱心にしていた。

高校生の夏休み、ライオンズクラブのお世話でアメリカで一カ月のホームステイを経験する機会を得た。ホストファミリーの皆さんに将来はどんな仕事をしたいのかと問われ、動物の看護師になりたいと言うと「アメリカにいる間に動物園を見るといい」と一家で二百マイルも離れた動物園に連れていってくれた。こんなに私のことを考えてくれる人たちがいると大感激で奮起した彼女は、動物看護を大学で学び卒業すると、そのまま動物病院に就職した。

彼女のように自分の思いをはっきり伝えることができるこどもの将来は心配はない。自分の人生をまっすぐ歩いていけると思う。

「自信を持ちなさい」

「施設で育ったからと、引け目に思うことはない」

私たちは卒園していくこどもたちにいつも励ましの言葉をかけている。

「施設という特別な場所で生活してきたけど、そのなかであなた自身は生かされてきたのだから、特別ではないよ」

他人のなかで育てられたが、無事にここまで大きくなるまでにはたくさんの支えがあった。その支えに感謝しなさいというわけではなく、忘れないでいてほしいという願いを込めて言葉をかける。

社会に出ても、支えられる場面、自ら支える場面が出てくるだろう。そうした時、自分がひとりで立っているわけじゃないことを自覚できなければ、誰かを支えることはできないからだ。

「いつもあなた自身が、主人公だったのですよ。あなたはあなた、今ここにいるのはあなた自身の力、自信を持ちなさい」

人生の主人公は決まっていて、自分ひとりしかいない。

そして自分は自分でしかなく、他人であるはずがない。培ってきた力がたとえ誰かの助けによるものであろうとも、手に入れたのは自分自身だ。その力に間違いなどないのだと、私たちは最後にそう語りかける。

ところが、こどもの貧困や、虐待を受けたこどもたちは、自信を持つという意味が分からないのだという。特別ではないと言われても、何が普通なのか理解できない。そうなればこれから先、普通とは何かを説きながら私たちはずっとフォローし続けることになる。

学園のこどもたちが社会人として、大人として何の引け目も感じないで堂々と生きて行けるように最後の仕上げ、サポートを遂行する。

親はこどもが成人して、社会に出て、結婚して、家族が増えたとしても、ずっと関係が続いていくものだ。

ゆえに、施設との関わりが十八歳で「はい、そこで終わり」ということはない。場合によってはエンドレスの付き合いということにもなるかもしれない。

ゴールは全員が同じではなく、一人ひとりで違う。

至誠学園の園長として、ひとりの大人として。

すべてのこどもたちと向き合うのは難しいかもしれないが、これまでも、これからも、できる限りずっと見守っていければと思う。

こどもたちが一番安心できる場所を作ることが命題

以前、天皇皇后両陛下（現上皇・上皇后両陛下）が当法人の老人高齢施設に来訪されたことがある。

私は常務理事として両陛下のご案内役を務めた。

宮内省の担当者との打ち合わせで話すことはすべて決まっている。それでも、お帰りの車の前で皇后陛下をお待ちになっている時間に思い切って陛下にお声をかけた。父が宮内省に勤めていたこと、宮内省官舎で幼少期を過ごしたことをお話しした。すると皇后陛下をお呼びになり、「高橋さんの父上は宮内省にいらしたそうだ」とおっしゃった。広がる話は私たちがすすめる福祉の問題へとつながった。

平成二十五年の秋の園遊会にお招きいただいた時は、関係者からこの場所で陛下の巡行をお迎えくださいと言われ、妻とふたりでお待ちした。天皇皇后両陛下、皇太子殿下、宮様が立ち止まり、紹介された後、お招きいただいたお礼を述べ、施設児童の状況やその養護への取り組み、将来への夢などの質問に答えさせていただいた。皇太子殿下にはボーイスカウトのジャンボリーでこの夏にお姿を拝見したことをお伝えして、宮様からは「私も日赤でご奉仕させていただいています」と話題は尽きなかった。

一人ひとりへと寄り添うように言葉を交わしてくださる陛下の目はやさしいものだった。陛下が思い描いている福祉の問題は、現状を正しく理解されており、こどもたちの将来について心配される陛下の学習への意欲は、誠に素晴らしいものだった。

陛下とのお話を経て、こどものためにできること、なすべきことを見つめ直すだけでも、多くの人材と、途方もないお金が関わってくることを再確認した。

福祉とは使命だ。新たな命を絶やさず、明るい未来へとより多くをつなぐための大義だ。人が人であることを認め、個を認め、虐げられることなく、間違いを正し、誰もができるようでできないあたりまえのことをしてあげられる場所、居場所を作ってあげる、それこそが養護施設の目指す在り方でもあるように思う。

言葉にすれば理想論でしかないかもしれない。だが、預けられたこどもたちの未来を形成する現在、生活を送るのは学園である。彼らにとって、一番安心できる場所を作りあげられなければ、養護施設の役割が果たせているとは到底思えない。

無意識のうちに求められているこどもたちの一人ひとりの幸福を意識化していくために。真心を持って接しなければ、傷つけてしまうことだってある。

だからこそ、中途半端な思いで接することはできない。道端に捨てられた子犬に餌をやるような、その時ばかりの小さな親切は彼らの期待を裏切りかねないからだ。

私の思いや考えがすべて正しいとは限らない。人間は誰しも間違える。ただそれを乗り越え、指摘し合い、次のステップに進むことで成長していく。

これから人としてどう生きていくのか、社会の人々とどう折り合いをつけ、どう支え合っていくのか。共鳴し、意見を出し合える多くの職員たちと共に、学園と、福祉と向き合っていくのは、私の生涯の命題といっても過言ではない。

毎日新聞　これが言いたい

児童養護施設のこどもに高い進学のハードル——教育環境整備に多様な支援を

社会福祉法人　至誠学舎立川理事長　高橋利一

親の虐待や育児放棄が原因で児童養護施設に入所したこどもたちは全国で三万人を超える。彼らの未来を照らすため、教育環境の整備が何にもまして不可欠である。

だが、残念ながら数字が物語る現実は厳しい。高校卒業生の大学進学率は二〇一二年三月時点で五四・三％。二人に一人が大学に進んだことになる。これに対し同年、全国の児童養護施設で高校卒業を迎えた一五三七人のうち、大学進学者は一六九人にすぎない（厚生労働省調べ）。その率はわずか一一％である。

一〇年度の東京都における二〇代の生活保護受給率は全体で〇・三％だが、同年代の施設出身者のそれは九・五％に達していた。大学進学率と低収入の関係は否定できない。

都が一〇年度に実施したアンケートからはさらに深刻な状況も浮き彫りになった。せっかく大学に進学した施設出身者の約二割が中途退学しているのだ。主な理由は「アルバイトとの両立ができない」「心身のストレス、病気」など、経済的、精神的な負担から学業の継続が困難となっている。

こどもたちをこの「貧困の連鎖」に陥らせ

ないために必要なのは教育、そして学び続けられる環境だ。施設児童であることがハンディキャップとなって大学進学をあきらめさせてはいけない。

私たち至誠学舎立川では昨年、大学進学児童の奨学基金を創設し、施設児童の進学への支援を幅広く呼び掛けている。今春には東京都日野市に支援体制を充実させた新施設を開く。塾と提携しての学習支援や、虐待などのトラウマに悩む児童の心理ケアも取り入れる予定だ。

民間企業にもこの分野への支援を拡大する動きがある。米金融機関ゴールドマン・サックスの助成で運営されている進学支援プロジェクトでは、NPOと協力して小学生のコミュニケーション力の強化から中学・高校生の学習支援、大学生の生活費の援助まで施設児童の大学卒業までを見据えた支援が行われている。こうした支援が広がってほしい。

こどもたちが学業を続けていくための法的な支援も必要だ。頼る先のない一八歳の若者がひとり社会に出て自立していくことがどれほど不安なことか。生活費と学費の負担だけでなく、毎日のちょっとした悩みや疑問を打ち明ける相談相手が身近にいない。

日本の児童福祉法で「児童」に該当するのは一八歳未満だ。一八歳になると施設を退所しなければならない。二〇歳まで在所期間を延長できる措置がとられているが認められれば、の話だ。

＊

「退所前に一〇〇万円は必要だ」と進学希望の児童にはアドバイスしている。将来のひとり暮らしに備えて高校からアルバイトをする児童は多い。高校時代は勉強に専念し、一八歳からはその後の本格的自立に向けた準備期間をするためにも、英国の児童法になららい二五歳までは法的支援を継続するような法改正が望まれる。

児童虐待の増加に伴い、児童養護施設の入所児童数も増加し新たな施設が必要とされているが、施設建設に地域住民が反対するケースもある。地域社会で受け入れられなければ、こどもたちは生活場所さえ与えられない。私たち施設側も正しく情報を発信し、地域社会の理解と受容、そして施設建設への社会的意義に賛同を求める努力を続けなければならない。

人口減少が進む日本の将来を担うのは今のこどもたちだ。施設と企業、地域が連携し、社会全体でこどもたちの教育と自立支援に取り組むことは長期的な社会的投資でもあるはずだ。

（二〇一三年〔平成二五年〕二月二八日〔木〕毎日新聞より抜粋）

参考資料

年表　至誠学園のあゆみ

和暦		西暦	至誠学園のあゆみ
明治	45	1912	稲永久一郎が二人の少年の養育をスタート
大正	14	1925	東京池袋に少年司法保護団体「至誠学舎」設立会長・稲永久一郎
昭和	17	1942	立川市錦町に「至誠学舎立川支社」開設、財団法人「至誠学舎」設立初代理事長・稲永久一郎
	21	1946	稲永久一郎没。2代目理事長に夫人の稲永ヨシ就任
	23	1948	本館建物を立川新制中学の校舎として25年5月まで貸与 国立市谷保に季節託児所開設
	24	1949	少年法改正に伴い、少年保護事業に終止符
			保谷市（現西東京市）に「柳橋保育園」、立川市に「至誠保育園」開設、社会福祉事業を再開
	26	1951	養老施設「至誠老人ホーム」開設、老人福祉事業を開始
			立川市より返却された学舎本館を改造、児童養護施設「至誠学園」を開設園長・稲永ヨシ、少年保護事業を継承
	27	1952	社会福祉事業法の制定に伴い財団法人を社会福祉法人に組織変更
	31	1956	児童養護施設「至誠学園」の定員を60名から65名に変更。 稲永ヨシ没。後任園長・高橋利成
	33	1958	高松宮・同妃殿下のご視察を賜る
	34	1959	日野市に「至誠第二保育園」開設
	37	1962	国・都の補助金、一部資産処分により園舎の改築開始

和暦		西暦	至誠学園のあゆみ
	38	1963	立川市に軽費老人ホーム「和光ホーム」開設
	39	1964	新園舎完成、高松宮・同妃殿下の御台臨を賜り落成式挙行
	42	1967	ボーイスカウト立川第４団結成
			秩父宮妃殿下ご視察
	43	1968	高橋利成他界、後任園長に高橋利一就任
	47	1972	幼児保育棟完成、学園開設20周年記念式典挙行
	48	1973	東京都指定の「養育家庭センター」併設、「和光診療所」併設
	52	1977	立川市に「至誠特別養護老人ホーム」、デイケアセンターを開設
	53	1978	「モンテッソーリ立川子どもの家」開設
	54	1979	立川市に「小百合保育園」開設
	56	1981	養護施設の社会化過程上の課題研究活動実施
			学園開設30周年記念式典挙行
	57	1982	地域協力者発起の至誠学園後援会発足、至誠サイエンス倶楽部発足
	58	1983	東京都の委託により、東京都立病院７カ所で院内保育の受託経営「至誠ナース愛児センター」開始
			橋本良市第４代理事長に就任
	60	1985	昭島市にグループホーム「昭島の家」開設
	61	1986	職員宿舎及び地域ルーム落成、ガールスカウト東京第158団の本部を学園に移す

和暦		西暦	至誠学園のあゆみ
	62	1987	国立市青柳にグループホーム「青柳の家」開設
平成	元	1989	日野にグループホーム「日野の家」開設、ひとり親家庭への援助「通所養護」試行、夏休み「学童クラブ」試行
	2	1990	グループホーム「日野の家」開設に伴い「青柳の家」閉鎖
	3	1991	学園開設40周年記念式典挙行、後援会発足10周年記念式典挙行
			高齢児の自立援助プログラムのためのリービングケアワーカー職業指導員配置
	4	1992	引きこもり・不登校児童の指導施設として指定
	5	1993	高橋利一園長の日本社会事業大学専任教授に伴い、後任園長施設長に高橋久雄就任
	6	1994	グループホーム「エンゼルハイム101」開設、厚生省の都市家庭在宅支援事業の指定を受け、24時間体制の電話相談事業ホットライン設置、アドボケーター設置
	7	1995	心理治療のためのサウンドプレイルーム開設、しせいアメニティ21計画「園舎改築建設委員会」発足、父子家庭対象のファミリーキャンプ第1回実施、養護施設入所児童早期家庭復帰促進事業実施施設に指定
	8	1996	立川市立「諏訪の森保育園」の経営を受託、園舎改築第一期工事開始、天皇陛下より優良民間施設のご下賜金を賜る
	9	1997	知的障害者小規模授産事業「ワークセンターまことくらぶ」開設、第一期工事児童棟完成
	10	1998	第二期工事終了、園舎落成式挙行
	11	1999	心理療法士配置を制度化

和暦		西暦	至誠学園のあゆみ
	12	2000	千葉県勝浦に「陽美・勝浦の家」完成
			立川市「子どもショートステイ事業」を受託
	13	2001	高橋久雄施設長の佐野国際情報短期大学教授就任に伴い、後任施設長に高橋久美子就任
			学園開設50周年記念式典挙行
			日野市に「至誠第二保育園万願寺分園」開設、ワークセンターまことくらぶ」第一種社会福祉事業の知的障害者小規模通所授産施設としてスタート、施設長・阿久津嘉代子就任
	14	2002	東京都養育家庭制度改革に伴い「養育家庭センター」廃止
			グループホーム「昭島の家」閉鎖、日野市にグループホーム「日野弐番館」開設、「至誠第二保育園万願寺分園」が「万願寺保育園」として独立
			法人90周年記念式典挙行
	15	2003	地域小規模児童養護施設「日野キッズ」開設、彼の地域において「地域サテライト型自動養護施設」を試行開始
			軽井沢の別荘を個人から寄贈、職員宿舎を回収し自立支援アフターケア棟設置、グループホーム「エンゼルハイム101」日野市に移転、日野地域における地域分散型児童養護施設の試行開始
	16	2004	立川市にグループホーム「五番館」開設、日野市より子ども家庭在宅サービス・ショートステイ事業の委託を受ける、「至誠第二保育園日野本町分園」開設
	17	2005	グループホームによる地域分散型サテライト児童養護を試行、グループホーム「五番館」閉鎖、日野市にグループホーム「五番館」開設、東京都の家庭的養護推進モデル事業受託

和暦		西暦	至誠学園のあゆみ
	18	2006	「至誠ナース愛児センター」の事業終了
			立川市にグループホーム「レオ」開設、日野駅前に「しせい太陽の子保育園」開設、受託事業だった立川市立諏訪の森保育園が法人化、「諏訪の森保育園」と名称変更
			新たな社会的養護としての地域サテライト型地蔵養護の実践研究活動開始、センチュリープロジェクト検討委員会設置、新たな児童養護、家族支援、人材育成を計画
	19	2007	第7代理事長に高橋利一就任
			東京都「専門機能強化型児童養護施設」に指定される、日野市に地域小規模児童養護施設「万願寺」開設、日野市に「至誠あずま保育園」開設
	20	2008	高橋久美子施設長任期満了に伴い、石田芳朗施設長就任
			グループホーム「日野の家」豊田に移転、建物を至誠第二保育園へ移管
			至誠学舎福祉振興会主催により法人創設100周年記念第1回シンポジウム開催
	21	2009	至誠学園本園敷地内にゼロ歳からの児童家庭養護施設「至誠大地の家」開設、国分寺にグループホーム「並木の家」設置、「ワークセンターまことくらぶ」が障害者自立支援法による障害者福祉サービス就労支援B型事業として開始
	22	2010	グループホーム「レオ」を閉鎖、新しく日野市内にグループホーム「日野ヴィレッジ」開設。国型小規模児童養護施設「日野キッズ」を廃止し、「日野ヴィレッジ」に隣接移転。「日野キッズ」の跡地に自活ホーム学生寮を設置、自立支援「至誠育成ファンド」設立、世田谷区に「成育しせい保育園梅丘分園」開設

和暦		西暦	至誠学園のあゆみ
	23	2011	職員３名が、児童養護施設職員の優れた研究に贈られる「松島賞」受賞、「至誠大地の家」の建物が、第37回建築作品コンクールにて東京都知事賞一般一類部門最優秀賞を受賞
	24	2012	至誠学園創設60周年記念式典挙行
			日野市万願寺に「至誠大空の家」着工、グループホーム「日野の家」閉鎖、日野キッズの建物を「ワークセンターまことくらぶ」に移管、作業所として利用。
	25	2013	高橋利一学園長　瑞宝双光章叙勲のお祝いの会実施
			日野市万願寺に「至誠大空の家」開設、施設長・国分美希就任、グループホーム「五番館」閉鎖、至誠大地の家グループケア地域型ホーム「うめHOUSE」開設、渋谷区に「代々木至誠こども園」開設
	27	2015	第８代目理事長に橋本正明就任
			立川市錦町に地域小規模児童養護施設「錦ユース」開設
	28	2016	至誠大地の家「うめHOUSE」を地域小規模児童養護施設へ種別変更

社会福祉法人 至誠学舎立川

創　設　明治四十五年（一九一二年）（少年保護事業）
創設者　稲永久一郎
理事長　橋本正明
相談役　高橋利一
〈児童事業本部〉
至誠学園名誉学園長　高橋利一（前理事長）
事業本部長　石田芳朗
副本部長・事務部長　高橋誠一郎
施設種別　児童福祉法による児童養護施設
認可年月日　昭和二十六年十二月二十日（指令第七五号）
対象児童　二歳から十八歳未満までの男女児童
学園併設事業
児童養護施設至誠大地の家（施設長　石田昌久）、児童養護施設至誠大樹の家（施設長　石田芳朗）、児童養護施設至誠大空の家（施設長　国分美希）、障害福祉まことくらぶ（施設長　阿久津嘉代子）、立川市ショートステイ事業、日野市ショートステイ事業、モンテッソーリ立川子どもの家、ボーイスカウト立川四団、ガールスカウト東京一五八団、サイエンスクラブ

本部所在地　〒一九〇－〇〇二二
東京都立川市錦町六－二六－一五
TEL　〇四二－五二四－二六〇一
FAX　〇四二－五二四－二三六七
URL　http://shiseigakuen.org
e-mail　honbu@jido.shisei.org

明治四十五年創設　財団法人認可
社会福祉法人至誠学舎立川

法人本部
- 高齢事業本部
- 保育事業本部
- 児童事業本部
  - 至誠学園（大樹の家）（昭和二十六年十二月開設、定員六十名）
  - 至誠大地の家（平成二十一年九月開設、定員三十名）
  - 至誠大空の家（平成二十五年四月開設、定員三十名）
  - まことくらぶ

（※事業本部の内容は児童内容のみ掲載・令和二年四月一日現在）

一般社団法人リーチ奨学育英会

代表理事　高橋　利一
運営委員長　赤松　茂
設立年月日　平成二十八年七月二十二日（二〇一六年）
事業内容　奨学金制度事業、卒園生実家的サロン事業、コレクティブハウスの運営（社会的養護自立支援事業）、児童自立支援研修・教育事業、施設退所者のスピークアウト活動、その他
法人運営経費　会費、寄付金、その他による
所在地
〈本部〉〒一八三―〇〇三一
東京都府中市西府町一―一七―六
TEL　〇四二―三〇六―八〇八八
FAX　〇四二―三〇六―八二八六
〈事務局〉〒一〇二―〇〇八三
東京都千代田区麹町三―五―二
BUREX麹町　シムウエルマン株式会社内
TEL　〇三―六二六一―一九八二
FAX　〇三―六二六一―一九八三
URL　http://shiseiikuei.or.jp/
e-mail　info@shiseiikuei.or.jp

参考文献

『この子らと生きる　私の至誠学園物語』（筒井書房）
『日本の大課題　子どもの貧困　社会的養護の現場から考える（ちくま新書）』（築摩書房）
『明直健：明るく直く健やかに　至誠学園30年のあゆみ』（至誠学舎児童養護施設至誠学園）
『蓮の台　学園のお母さんと呼ばれて』（朝雅）
『至誠学園50周年記念誌～いつも夢があった――しせい研究レポート』（平河工業社）

おわりにかえて

私は、昭和十四年、三月二日、麹町三番町の宮内省官舎で生まれた。その日は、昭和天皇の第五皇女、清宮貴子内親王（島津貴子様）のお生まれになった日。ラジオから君が代が流れてくる環境のなかで、私は夕方に生まれたそうだ。

「生まれる時からこの子はちゃんと順番をわきまえていた」と、祖父や父は私の誕生を喜び、ちょっと違った評価もされた。祖父は、その喜びを表す意味で、最も高価な絹の産着を用意してくれたが、実は宮内省大臣から贈られたお祝いが、それ以上に高価なものだったと、何かにつけて語り草になっている。

先日、至誠学園の卒園生や元職員たちが発起・主催した「故高橋田鶴子先生の生誕一〇〇周年記念の集い」が学園で行われ、多勢の懐かしい方々が集まった。

高橋田鶴子は、少年保護事業「至誠学舎」創始者である稲永久一郎の次女であり、私の母だ。女学校の学生だったころから事業を手伝い、祖父のお気に入りだった。田鶴子が結婚してからも何かと久一郎の仕事を支えていたことは、財団法人設立時の父の毛筆による法人議事録からも推察できる。

福岡から単身上京して日雇い人夫などの働きにより資金をつくり、菓子の製造販売業を始めた祖父母が、頼まれてふたりの浮浪少年を自宅に預かり育成したことが、そもそもの始まりだった。明治四十五（一九一二）年のこと。保護が必要な少年を養育し、社会に送り出すいわゆる少年保護の仕事こそ「わが天職」という思いを見出した祖父・久一郎は、大正十四（一九二五）年に少年司法団体「至誠学舎」を設立した。

「少年の不良化は環境のいたすところなり」と、池袋から自然豊かな立川へと移転。昭和十七（一九四二）年、建物や私財を寄付し財団法人「至誠学舎」として、本格的に少年保護の仕事を行っていた。しかし終戦後、昭和二十一年四月に祖父・久一郎は病気で他界してしまう。「今、死ぬわけにはいかんのだが……」と戦後の復興に夢を描きながら息を引き取ったのだ。「死に水を誰かたのまん、ふつつかのこの身は」と思いを残して。昭和十九年、太平洋戦争の最中に出征し、ロシアに抑留されていた父・利成は、終戦の二年後に復員し、日本への帰国後、法人の再建に加わった。

祖父の死後、父は児童福祉法に基づいた養護施設として新たなスタートを切った至誠学園の長となり、母と共に奔走した。しかし、その父も思いがけず五十八歳の若さで亡くなってしまい、まだ二十八歳だった私が学園長としての責務を引き継ぎ、四苦八苦の生活が始まったわけだ。

長く施設のこどもたちとの生活を経験して自信はあったにしても、財政的な面での経営

父・高橋和成は昭和19年4月12日に満州に出兵した。上野駅で家族で見送った。

父が戦地で大切にゲートルに巻きこみ、持ち帰った写真

となると対外的なことも、学園内のことも、すべて母の存在なくしては何もできなかっただろう。「学園のお母さん」として慕われていた母がいたからこそ、様々な困難も乗り越えられたと思っている。

創始者からの学園のこどもたちに対する熱い思いは、すべて両親が私たちに教え、伝えてくれた。時を経て、社会が大きく変化した今に至るまで、母・田鶴子の考え方、行動の全部が、学園の基本的な精神として職員やこどもたちの心に深く残っている。それは、創設者の理念でもある「まことの心」だ。

母は戦時中でも、もてなしの気持ちを忘れなかった。物はなくても知恵を働かせ、農作業から食料を作り、川の魚をとって少年たちに食べさせていた。私の幼いころの記憶のなかにも、父が宮内省を辞めた時の退職金で学園の近くに売りに出た五百坪の土地を買い、畑にして、いろいろな野菜を作っていた祖父母の姿がある。トマトやキュウリが実るころ、かごとはさみを手渡され、収穫の喜びを経験させてくれた。「こんなに採れた」という喜びから、畑仕事への興味を持ったのを覚えている。鶏を何百羽も飼っていた時代もある。鶏は毎日卵を産む。学園のこどもたちに毎日卵を食べさせたい、食糧難の時代、育ち盛りのこどもたちに栄養を与えようという工夫のひとつだった。

祖父の稲永久一郎の実家は比較的大規模な農家で、久一郎はその次男だった。これからは農業も機械化の時代だと考えた久一郎は、農機具の開発を考えていた。地元にいたのではだめだから、一旗揚げようと上京した久一郎は高橋金太郎の長女ヨシの結婚相手に選ばれるのだ。

金太郎さんは、店の前を、毎日毎日自転車で行き来する、勤勉でまじめな久一郎の姿を見て、その人柄にほれ込み、自分の娘はこういう男のところに嫁がせたいと思っていたそうだ。高橋家の長女を嫁にもらうことで、高橋家の跡継ぎがいなくなってしまうことを気遣った久一郎は、後に宮内庁勤めの利成と結婚した次女の田鶴子ともどもこの夫婦を高橋家の養子とした。

金太郎さんは喜び、久一郎が商売を始めた時にもできる限りの応援をした。娘の家の仕事が成功するように、事業資金として相当お金を出したり、経営に協力していたようだ。金太郎さんは、三田や青山に借家をたくさん持っていた。お金もたくさんあったのだと思う。娘たちのためならと、協力、支援を惜しまなかったのは当然の親ごころであったろう。

「至誠学舎」の設立にあたっても金太郎さんは感銘し、大正九年に二八〇〇円という、けっこうな額の援助をしたという記録が残っている。今でいうと、九五〇〇万円くらいになるだろう。工場が建つくらいの金額といえば相当なものだろう。養護施設を運営していくためには、スポンサーがいなくては難しい。

火事や関東大震災、戦争など、至誠学舎は何度も苦境に立たされるが、その度に、久一郎と田鶴子はたくさんの支援と協力で救われた。火事で全焼した時は、長崎の検事長夫人・宮城玉代さんが、銀行の通帳と印鑑を持って駆けつけてくださったこともあったそうだ。

宮城玉代さんは、「夕方には早くおうちに帰りましょう」と鐘を鳴らし、少年の非行防止に力を注いだ「愛の鐘運動」の提唱者。その時のお礼と感謝の意味もあって、二十歳の母は、長崎の宮城家のお手伝いとして何カ月か住み込んで働いたそうだ。久一郎の思いに賛同していただいた、たくさんの支援への、感謝の気持ちの表れのひとつの例だと思う。

宮城家ではいろいろな学びがあったと母は言う。行儀見習いはもちろん、夜はひとつの電気の下で、繕い物や読書をする。風呂を沸かすのも薪の代わりに、新聞紙をねじって薪代わりにするなど、そういうことが記録として残っている。

母・ヨシの実父である金太郎さんからつながったご縁で、いろいろな人たちが久一郎と田鶴子を、そして今に至るまで私たちを支えてくださっている。父と母の仲人だった方は、その後、至誠学園の理事としてずっと応援してくださっている。明治、大正、昭和、平成、そして令和と、時代は変わっても、何かが繰り返し波打っていると、このごろつくづく思う。

創始者の思いを受け取り、父の謙虚な真実を求める姿、母の後ろ姿を思い出しながら、私は、なんとか学園のこどもたちを守り続けてきた。繰り返しになるが、今私の大きな課題のひとつは学園のこどもに対する卒園後のサポートだ。できるなら高校卒業後、学園の保護を離れるこどもたちを大学や専門学校に行かせてあげたい。

施設で育ったこどもは、いくら秘めたる能力や才能があっても、後ろ盾もなく、お金もなければ、高校を卒業したら働くしかないのだ。でも、十八歳で働き始めても、今は、その先の何十年に特別いい影響があるわけではない。

できれば、大学の四年間、あるいは専門学校の二年間という猶予を与えられて、その間に自分で今後の光を見つけられたら、それが一番いいのではないか。

卒園後の迷えるこどもたちを一定の方向に導いてあげたい、そういう思いは、まさに、ふたりの不良少年に出会った時の祖父の気持ちと同じなのではないかと思うのだ。

もちろん、協力してくださる方がいてこそ実現できることだ。一人ひとり、すべてのこどもたちの希望の光を見つけてあげたい。そんな思いを共有できる方、協力者を探すために、今、私が奔走している状態は、もしかしたら、かつて、祖父母や父母がしてきたこと、思い続けたことと同じなのかもしれない。

事情があって児童養護施設で暮らさなくてはならないこどもたちが、自信を持って巣立っていけるように、社会の中で堂々と自分を生かしていけるように、私たちは何をしなくてはいけないのか。試行錯誤を繰り返しながら、私たちは努力を続けていく。

最後に、本書出版の機会をくださった誠文堂新光社の編集長秋元宏之様、執筆に協力していただいた宮原拓也様・前みつ子様、イラスト執筆のたかいひろこ様、編集のオフィスふたつぎの二木由利子様、デザインのホワイトラインググラフィックスの皆様、写真撮影のＨＩＧＥ企画の高橋宣仁様・砺波周平様、校正の稲佐知子様・庄康太郎様、関係者の皆様、共に歩んできたこどもたちと職員に心より深く感謝申し上げたい。

二〇二〇年十月吉日

社会福祉法人至誠学舎立川相談役
至誠学園名誉学園長

高橋利一

STAFF
カバー・本文デザイン・
本文DTP ············ WHITELINE GRAPHICS CO.
イラスト ············· たかいひろこ
写真 ················ 高橋宣仁（HIGE企画）、砺波周平
執筆協力 ············ 宮原拓也、前みつ子（wife）
校正 ················ 稲佐知子、庄康太郎
企画・編集・制作 ····· 二木由利子（オフィスふたつぎ）
企画協力 ············前みつ子（wife）

ぼっちゃんが、あんちゃんになった

至誠学園《しせいがくえん》のこどもたちと共《とも》に生《い》きて75年《ねん》

2020年10月15日　発　行　　NDC369.4

著　者　高橋利一《たかはしとしかず》
発行者　小川雄一
発行所　株式会社 誠文堂新光社
〒113-0033 東京都文京区本郷3-3-11
［編集］電話 03-5800-5779
［販売］電話 03-5800-5780
https://www.seibundo-shinkosha.net/
印刷所　広研印刷 株式会社
製本所　和光堂 株式会社

©2020, Toshikazu Takahashi.
Printed in Japan
検印省略
本書記載の記事の無断転用を禁じます。
万一落丁・乱丁本の場合はお取り替えいたします。

本書のコピー、スキャン、デジタル化等の無断複製は、著作権法上での例外を除き、禁じられています。本書を代行業者等の第三者に依頼してスキャンやデジタル化することは、たとえ個人や家庭内での利用であっても著作権法上認められません。

JCOPY <（一社）出版者著作権管理機構　委託出版物>
本書を無断で複製複写（コピー）することは、著作権法上での例外を除き、禁じられています。本書をコピーされる場合は、そのつど事前に、（一社）出版者著作権管理機構（電話 03-5244-5088／FAX 03-5244-5089／e-mail：info@jcopy.or.jp）の許諾を得てください。

ISBN978-4-416-92064-0